如何说，男孩才肯听
如何教，男孩才优秀

晓丹/著

U0800768

中国妇女出版社

图书在版编目（CIP）数据

如何说，男孩才肯听 如何教，男孩才优秀 / 晓丹著
.-- 北京：中国妇女出版社，2018.1
ISBN 978-7-5127-1521-9

Ⅰ. ①如… Ⅱ. ①晓… Ⅲ. ①男性—家庭教育 Ⅳ.
① G78

中国版本图书馆 CIP 数据核字 (2017) 第 223731 号

如何说，男孩才肯听　如何教，男孩才优秀

作　　者：晓 丹 著
责任编辑：陈 元
封面设计：蒋宏工作室
责任印制：王卫东
出版发行：中国妇女出版社
地　　址：北京市东城区史家胡同甲 24 号　邮政编码：100010
电　　话：（010）65133160（发行部）　65133161（邮购）
网　　址：www.womenbooks.cn
法律顾问：北京天达共和律师事务所
经　　销：各地新华书店
印　　刷：北京柯蓝博泰印务有限公司
开　　本：170×240　1/16
印　　张：16
字　　数：260 千字
版　　次：2018 年 1 月第 1 版
印　　次：2018 年 1 月第 1 次
书　　号：ISBN 978-7-5127-1521-9
定　　价：35.00 元

序

培养杰出男孩，父母需要策略

在西方，有这样一首古老的童谣："男孩是用剪刀、青蛙和小狗尾巴做成的，而女孩是用糖果、香料和一切美好的东西做成的。"此话不假，有过教育男孩经验的父母都知道，与养育乖巧、懂事的女孩相比，养育一个男孩的难度要大许多。虽然看着自己的儿子一天天长大是一种幸福，但也伴随着许多烦恼。

他们几乎每天都让人不得安宁，父母往往需要付出比教育女孩更多的精力；

他们喜欢踏水、玩土，喜欢在泥里乱滚，喜欢去大人不会注意的小角落玩儿，刚为他们换上的新衣服不一会儿就变得满是污渍；

他们是典型的"破坏王"，转眼之间就能把家里的小电器拆得七零八落，却始终意识不到自己犯了什么错误；

他们像小猴子一样窜上窜下，跳墙、爬树，即使为此把膝盖和双手摔得流血，他们依旧乐此不疲；

他们有时脾气倔，父母不让做的事，他们偏要去做；

……

正因如此，古希腊哲学家柏拉图才这样说："在所有的动物之中，只有男孩是最难以控制和对付的。"

很多父母都会感到疑惑，为什么男孩如此难管、难养呢？

其实，男孩之所以有这样的举动，是由于体内存在大量的睾丸素。从襁褓期开始，男孩的体内就有远远大于女孩的睾丸素分泌，因此，他们需要一些大胆、疯狂的行为去释放自己的能量，如竞争、比赛、出风头等。

当然，任何事情都有两面性。睾丸素让男孩显得有些不安分，但也让男孩具备了一些优秀的特质：

他们精力充沛，斗志昂扬；

他们敢于突破现状，干劲十足；

他们喜欢打抱不平，富有强烈的正义感；

他们的大脑充满奇思妙想，喜欢探索；

他们身上具有一股不服输的精神；

……

只要男孩的父母能够正确引导，就可以发挥男孩的优势，将他培养成优秀的男子汉。

本书详细地为父母介绍了教育男孩的98个细节问题。你可以从书中找到男孩的成长特点、穷养、青春期等教育男孩的指导，并能找到实用的解决方法，比如倾听、尊重、发挥优势、换位思考等。本书是一本实用的男孩成长指导书。

各位父母，培育男孩是一个长期的过程，实际上也是父母重新认识自己、塑造自己的过程，父母一定要对自己和孩子有信心，在双方的共同努力下，一定会取得理想的教育效果。

教育孩子，首先需要父母的自我成长。只有掌握了正确的教育方法，才能将你的儿子培养成最优秀的男孩。

目录

第一章 教育男孩，一定要抓住男孩的成长特点

第二章 培养男孩，父母应扮演好各自的角色

第三章　从来纨绔少伟男，男孩就该“穷”着养

第四章　品格塑造，让男孩从小堂堂正正做人

第五章　积极引导，教会男孩应对挫折与机遇

第六章　能力培养，教出了不起的男子汉

第七章　没有笨孩子，每个男孩都能成为学习高手

第八章　财商教育，给男孩富足的未来

第九章　家有“问题男孩”，正确引导是关键

第十章　身心健康最重要，做好男孩的保健医师

第十一章　读懂男孩的心，陪他走过青春期

第十二章　沟通讲艺术，倾听有技巧

第十三章　克服教育禁忌，让男孩更好地成长

第一章

教育男孩，一定要抓住男孩的成长特点

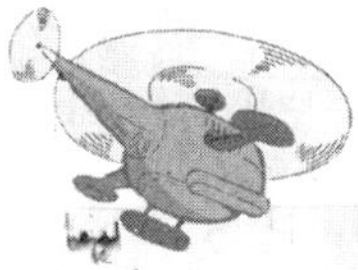

男孩的世界究竟是什么样的呢?

他们天不怕、地不怕，总是给父母惹祸，却仅仅是想证明自己是一个男子汉；

他们都想成为英雄，天生富有正义感；

他们总有许多奇思妙想，有着问不完的“为什么”；

……

每个男孩都充满着无限的可能，只有父母真正走入他的世界，才能发现他原来那么的可爱、优秀，在父母的正确引导下，他将迎来更加美好的人生。

“我才不怕呢”——男孩的冒险精神

日常生活中，人们总是这样形容男孩：小淘气、皮猴子……的确，大多数男孩自从学会走路开始就不断地制造麻烦，也正因如此，古希腊的哲学家柏拉图才说道：“在所有的动物之中，只有男孩是最难以控制和对付的。”

家有男孩的父母不难发现，教育男孩远比教育女孩要难得多：他们喜欢爬上爬下，即使因此而受伤或者被父母责骂，也不会就此停下来；他们喜欢搞破坏，会把屋子弄得乱糟糟，还无辜地说自己没犯错；会因为一点儿不起眼的小事就和邻居家的小朋友打架；会为了你根本想不到的理由而冒险，让自己或者别人受伤，而父母只能跟在他们的后面收拾残局……

给男孩父母的建议

了解了男孩喜欢冒险的天性，父母肯定会对儿子有一个全新的认识，那么，日常生活中，父母该如何面对男孩的冒险行为呢？

方法一：让男孩自己动手去实践

好动、喜欢冒险是男孩的天性，他们需要广阔的空间和自由的行动。当你的儿子又在“虐待”他的玩具或“修理”家里的小件电器时，你不应该阻止他，甚至责骂他，而是要在不干涉他的前提下尽量保护他的安全，并且相信他的能力。

下面是一位妈妈的教子经验：

陈翰6岁了，他对电非常感兴趣，一天，他拿着一根小铁丝跑到电视旁边的插线板那里，想要用铁丝去接触插线板的小孔，在一旁的妈妈看到了儿子的行为，没有马上呵斥儿子停下手，而是走过去蹲在儿子旁边，在儿子即将插入铁丝的时候问道：“你在玩儿什么啊？”

儿子听到妈妈的话，把手缩了回来说：“我想看看电是什么。”

妈妈看着儿子说：“那你这样做是绝对看不到的，来，过来，妈妈带你去看什么是电。”儿子站起身来跟着妈妈来到房间，妈妈在抽屉里找到了一节五号电池和一个迷你手电的小电灯泡，拿过儿子手上的铁丝，将灯泡用铁丝串联在电池两端，灯泡一下子就亮了，儿子看着妈妈做的实验，兴奋极了。

这时，妈妈才认真地对儿子说："儿子，知道吗，这个五号电池的电足以点亮这个小灯泡，但是你刚才的行为是非常危险的，因为那个插线板的插孔内的电比小灯泡要大得多，如果你用铁丝去接了电，就会被电击伤，你说多可怕啊！"

"那为什么平时用手碰电线没事呢？"儿子歪着小脑袋问。

"儿子，你这个问题问得真棒，妈妈问你，电线的外皮是用什么材料做的？"

"塑料呀。"

"对呀，塑料能够包住电，而且塑料是绝缘体，绝缘体是不导电的，而你的小铁丝是导电的，不信我们来做个实验。"说着妈妈又把连接灯泡和电池的小铁丝换成了塑料线，结果灯泡不亮，儿子看着妈妈前后两次实验，点点头说："妈妈，我明白了，以后我再也不会拿铁丝去接电了，而且我还要告诉我们班的同学，平时电线不电人是因为电线外壳的塑料是绝缘体，对吧，妈妈？"

"对，我儿子真聪明。"

估计生活中大多数父母在看到男孩的这种行为时，都会大喊一声勒令他停下来，并且批评孩子一顿。而上面事例中的妈妈既满足了儿子的好奇心，又通过亲手做实验让他了解了电的危险性，使他在任何情况下都对电态度谨慎。

方法二：让男孩去尝试他想做的事情

妈妈带泉泉去逛商场，在儿童区，泉泉看上了一款变形金刚，可根本不适合泉泉的年纪玩儿。首先，金属的外壳极易碰伤泉泉；其次，变形金刚的好多关节是弹簧扣的，泉泉根本掰不动。妈妈告诉泉泉，这个变形金刚是大人玩的模型，不适合他玩儿，可是泉泉说什么都不走，非要那个变形金刚。妈妈见此情况就和导购商量，能不能让泉泉自己去看看那个变形金刚，导购同意了，泉泉高兴地抱起变形金刚，在一边摆弄了半天也没有变出一个形状。正如妈妈所料，泉泉根本就掰不动，不仅如此，在玩儿的过程中，泉泉的手指一不小心被夹了一下，妈妈走过来问泉泉还要买吗，泉泉马上摇摇头说："不要了，不好玩儿。"

事实上，越是不现实的事情，男孩越想去尝试，通常他明明知道自己力所不能及，感情上却不能够很快地接受，他还是要坚持不断地尝试。这时，父母就应该给他足够的时间去调整心态或者在条件允许的情况下让他去尝试一下，当他确定自己无法做到之后，便会知难而退。

专家教你男孩怎么养

生活中，父母应该如何正确对待男孩天不怕、地不怕的冒险精神？

第一，尊重男孩的好奇心，正确地引导他去实践。很多时候，男孩为了一件事而冒险，是因为他好奇，此时，父母应该积极地引导男孩去实践，而不是单纯地阻止。

第二，教育男孩学会自律。生活中，男孩的很多想法和新奇的点子都是错误的，此时，父母应该积极地教育男孩学会自律。

“我是正义的奥特曼”——男孩的英雄情结

家有男孩的父母大都会有这样的疑问：我的儿子真的太喜欢惹事了，动不动就和别的孩子打架，为什么会这样呢？不仅仅是你的儿子，其他男孩也是如此，他们天生就有一种英雄情结，爱打抱不平，纯属于一种本能的反应。

男孩看不惯高年级的学生欺负低年级的学生，就会扬起拳头，想要帮低年级的学生讨回公道；他们总是同情弱小，并想通过自己见义勇为的行为除恶扬善，成为人们心中的英雄。就像喜欢看奥特曼一样，他们不仅仅是看情节，而且渴望那样的情节能够发生在现实生活中，自己能成为消灭怪兽、保护地球的正义使者。

下面是发生在一位妈妈身上的故事：

一天，妈妈带着7岁的儿子去百货商场买衣服，在带着儿子里里外外逛了三四圈后，没有一件是儿子能看上的。正当这位妈妈准备带着儿子离开那家百货商场的时候，儿子突然被一件模仿超人的连体衣给迷住了，不断地央求妈妈买给他。无奈之下，妈妈只好买下了那件衣服，但条件是以后要好好学习，不能在没写完作业前玩游戏，儿子爽快地答应了。

回家后，儿子迫不及待地穿上了那件超人的连体衣，还在妈妈的面前显摆，但在妈妈看来，那件衣服根本就穿不出去，但想到儿子与自己的承诺，她觉得这笔“交易”也算划得来。

第二天，儿子很早就起床，穿衣服的时候，他还特地把超人连体衣穿在里面，妈妈问他热不热，他摇摇头说“不热”。

晚上回家后，儿子很乖，吃完晚饭就一个人回到房间里开始写作业，一直写到晚上8点多才出来，见到妈妈后就说：“妈妈，我按照你的要求写完作业了！”

妈妈笑着问：“为什么今天这么乖？”

儿子则解开自己的睡衣，露出超人的连体衣，说：“我是超人，超人是不会完不成作业的。”

生活中，男孩都渴望自己变得强大，渴望自己成为英雄，但在现实生活面前，他们又不得不接受自己只是一个弱小的孩子，因此，当穿上那些英雄人物穿的服装时，他们就相信自己也被赋予了那种神奇的力量，而此时，聪明的父母顺着男孩的这种思维去教育他就容易得多了。你可以告诉他们，英雄人物从来不会不洗澡就睡觉，英雄人物的成绩从来不会太差……他们听到你的话后，就会积极地努力，其效果远比你正面的说教要好得多。

给男孩父母的建议

每个男孩都有英雄情结，父母在面对男孩的英雄情结时，首先应给予理解，而不是呵斥或嘲笑。要知道，肯定和正确的引导常常能让男孩变得更加优秀，因为这种英雄情结若运用得当不仅能够让男孩变得更有气质，还能让他尽快成长为一个真正的男子汉。下面就为父母简单介绍几种正确引导男孩英雄情结的方法。

方法一：不要急着批评男孩的打架行为

李智8岁了，一天他在学校里和班级中一个小男孩打了一架，被找了父母，回家后，他害怕极了，生怕爸爸会责怪他，于是一直把自己关在房间里不敢出来。

爸爸来到李智的房间，并没有责骂他，而是坐在他的身边，询问他事情的原委。李智一股脑儿地都说了出来：原来是那个男孩欺负别的同学在先，李智看不过去就和他打了起来。爸爸笑着摸了摸李智的头说：“好儿子，那你今天做了件好事啊，对于男人来说，正义感和勇气是必不可少的！”李智惊讶地看着爸爸，然后不好意思地笑了。爸爸接着说：“不过，打抱不平的方式有很多种，你今天虽然本意是好的，但是方式我却不赞同。其实，你本可以好好地和那个同学说，联合起班里的其他同学一起给他讲道理，这样，他就不敢再欺负班里的同学了，而你也会成为大家眼中的绅士，而不是像今天这样被叫父母啦！”

李智看着爸爸，似乎明白了什么，马上点点头，笑着说：“爸爸，我知道了，以后我再也不打架了。”

生活中，很多男孩的父母都遇到过类似的情况，不过估计大多数父母回家第一件事就是呵斥儿子打架这件事，却忘记了去问他打架的原因，正确的做法是应该具体问题具体分析，不能武断地批评男孩。

方法二：用男孩心中的英雄教育其改掉坏习惯

对于男孩而言，英雄是伟大的、神圣的，很多男孩都以心目中的英雄为榜样，所以，明智的父母抓住了孩子的这一心理，就能轻易地让孩子改掉坏习惯。

生活中，每个男孩身上都会有缺点，比如挑食、不爱干净、没礼貌、不做作业等。此时，父母就可以利用男孩喜欢的英雄来教育他，告诉他那些英雄在小的时候具有爱干净、爱学习、讲礼貌等好习惯，要想成为他们那样的人，就要学习他们的好习惯，这样做不仅能让男孩改掉坏习惯，而且可以让他达到更高的要求。

专家教你男孩怎么养

父母如何正确处理男孩好打抱不平的英雄情结？

第一，尊重男孩的英雄情结。

第二，帮助男孩树立健康的英雄形象。

第三，用男孩心中的英雄形象去约束他的行为。

“玩具里有什么”——探索心理在起作用

生活中，父母谈起自己的儿子，总会用三个字来形容——“破坏王”。的确，每家的小男孩都爱搞破坏，经常把玩具拆得七零八落。因为男孩希望知道这个玩具更多的用途，想知道玩具是如何组装在一起的。这种被父母认为是极具破坏力的行为，其根源来自男孩的探索心理。

蔡亮11岁了，最令他父母头疼的就是他的破坏力。为什么这么说呢？因为他的脑子里总是充满问号，他会因为想知道为什么玩具汽车放上电池会跑，而偷偷地拆掉新买的小汽车；或想知道为什么电子琴一按就能发出好听的声音而拆掉……诸如此类，几乎家里所有他能够拆得了的小电器全都没能幸免。而每次拆开后，要么就是永久性的损坏，要么就得他的爸爸重新安装。而最令蔡亮父母哭笑不得的是，一次，蔡亮竟然把家里的镜子打碎，企图用胶水黏合，做到“破镜重圆”，而那个成语不过是他那天上语文课刚学到的。

父母觉得男孩不好养，除了男孩好动、淘气之外，还因为男孩的这种探索心理。这种心理使男孩脑子里总是装着问不完的问题，直到他亲自找到答案为止。

那么，父母应如何对待男孩的探索心理呢？

给男孩父母的建议

生活中，男孩总喜欢刨根问底，喜欢拆东西，喜欢搞破坏……一般来说，只要父母在教育男孩时将他这种探索心理引向正路，那么，就会提高他的思考能力和动手能力。

方法一：尊重男孩拆东西时的探索心理

钟郎12岁了，他最大的愿望是成为一个伟大的发明家，他对任何事情都充满好奇，而这种好奇带来的结果就是家中的小电器被拆得七零八落。

几乎每个周末他都得拆装一两样小家电。虽然有时候，他拆装得天衣无缝，甚至他的父母根本察觉不出那些小电器被拆过。

但有一次，钟郎却“失手”了。那天，爸爸买回来一台投影仪，看着小小的投影仪竟然能够投放出那么多彩、那么大的画面，钟郎好奇极了，他迫切地想知道这个小盒子是怎么做到这一点的。于是，在父母同时外出的一个周末，他开始了自己的计划，但是令钟郎没有想到的是，一个小小的投影仪内部构造却那么复杂，很多零件他拆下来后却安装不回去了。

正当钟郎准备再次尝试的时候，爸爸回来了，就这样钟郎的拆装计划被爸爸发现了。钟郎非常害怕，马上站在一边，不说话了。爸爸看了看面目全非的投影仪，又看了看站在一旁的儿子，说道：“能告诉我你这么做的目的吗？”

“对不起爸爸，我只是想知道这个小东西是如何投放出那么好看的画面的！”

“好吧，那么，你知道了吗？”

“还没，我拆开了它，但是……装不上了，我……对不起！”

“嗯，你真是个淘气的小男孩，那么，现在我们得一起把它装上了，因为是你拆的，所以你应该有个大概印象，能够帮助我装上它！”

“嗯，好的。”

就这样，爸爸一边和钟郎组装投影仪，一边向他讲述有关投影仪是如何投影的原理。

随后的一段日子，爸爸给钟郎报了一个兴趣班，开始尝试进行发明。

男孩具有一定的叛逆心理，当父母尊重他、理解他时，他就会表现得很听话，从而会选择用正确的方法、手段去探索事物，因此，父母应客观地分析男孩的探索动机，正确地引导他的探索行为。

方法二：发掘隐藏在男孩探索心理背后的天赋

其实很多时候，男孩的这种破坏性并不是单纯的恶意破坏。比如男孩将同桌女生好不容易做好的手工剪纸撕坏，但是没过多久，他又会做一个一模一样，甚至更好的剪纸，补偿那个女生；他会把自己的自行车链条卸下来，没一会儿，他又能轻松地将链条装上……父母应该意识到，在男孩这些破坏力的背后，隐藏着的往往是那些呼之欲出的天赋，因此，父母应该用正确的方式进行引导，使孩子在某些方面表现出惊人的才能。

鑫鑫从小就很喜欢垒积木，有的时候上手工课，他看到同桌垒得不好，就会把对方的积木全部推掉，然后再给对方建一个漂亮的“宫殿”；他会在自己房间垒一个洞当作小狗的房子……

针对儿子的这种破坏行为，鑫鑫的爸爸并没有过分地批评他，而是一点点地将鑫鑫的爱好引上正路。比如，既然鑫鑫喜爱垒积木，建造各种各样的建筑，爸爸就带着他去参观各种风格的建筑，并在参观过程中给他讲解这些建筑风格的由来；给鑫鑫买各种各样的积木；在闲暇时和鑫鑫一起建造积木建筑……渐渐地，在爸爸积极的引导下，鑫鑫对那些各式各样的建筑更加痴迷了，从此，如何将那些风格不同的建筑用积木建造出来，就成了鑫鑫业余时间最喜欢做的事情。他告诉爸爸，长大后他要做一个建筑师，而爸爸则笑着说：“那从现在起鑫鑫就要好好学习，学习和搭积木两不误，长大后就一定能成为一个出色的建筑师。”

而更让鑫鑫爸爸开心的是，在一次少儿设计大赛中，鑫鑫还荣获了建筑设计少儿组的特等奖。

的确，生活中，父母不仅不能打击孩子充满天赋的破坏行为，而且应积极发掘孩子的天赋，并鼓励、帮助他将这种天赋与能力发展下去。当男孩遇到困难打退堂鼓的时候，父母要多鼓励他，也许就离成功更近了一步。

专家教你男孩怎么养

父母如何正确引导男孩的探索心理?

第一，尊重男孩的探索行为。即使男孩拆掉了电器，也不要贸然批评他。

第二，鼓励男孩完成自己的事情。很多男孩耐心很差，常常三分钟的热度，父母要鼓励他完成自己的事情。

第三，通过男孩的探索心理，积极地发现男孩的天赋，并有意识地培养他。

“你打死我好了”——越打越犟的男孩

中国有句古话叫作“不打不成器”，就是说在教育孩子时不能心软，一定要打。这样的教育方式，尤其盛行于教育男孩的过程中。不少男孩的父母动不动就非打即骂，以期待男孩长大成才，但结果往往事与愿违，父母发现，男孩越打越不听话，越打越犟。

这究竟是为什么呢？儿童行为学研究专家发现：父母一见男孩犯错就大发雷霆、大声责骂，甚至殴打男孩，长此以往，男孩对打骂的适应能力就会逐渐提高，久而久之，他就会对一般的打骂持无所谓的态度。如果父母在这时候不反思自己的教育方式，而是对越来越犟的男孩继续采取严厉的教育方式，只会让问题变得更加严重。

那么，现实生活中，父母为什么会舍得打骂自己的儿子呢？

首先，父母打骂男孩多半是受到传统教育观念的影响，父母就是权威，而男孩只能服从。

其次，因为父母自我情绪管理能力较差，再加上男孩在此时表现得很不好，父母就顺理成章地找男孩来撒气。

再次，父母会学着自己父母的样子去教育男孩，并且说：“我小的时候，我爸爸妈妈就是这样打我的，现在我不也挺好，所以，小男孩就得打。”

最后，有的父母因为找不到更合适的教育方式，只能靠打骂男孩来达到教育效果。

父母通过打骂男孩等行为来消除自己内心的怒火，那么此时的男孩又何尝不想消除自己内心的怒火呢？下面，就让我们一起来看一项关于男孩被打后的思想调查吧：

“我讨厌你们，总有一天我会离开你们的，再也不受你们的气了。”

“打吧！打吧！打死我好了，反正我也不想活了。”

"等我有了能力后，你们休想再打我！"

如果你是男孩的父母，并且你曾经也用打骂的方式来教育他，那么，你一定不会对以上的话语感到陌生。

在打骂之后，男孩不仅不会对自己的错误产生丝毫的悔过之意，反而会由此对父母产生怨恨，于是，他开始变得爱说谎了，变得有攻击性了，变得越来越难接近了……

给男孩父母的建议

也许父母会感到疑惑，现在打骂男孩都不起作用，那么，该如何教育男孩呢？

方法一：男孩犯错时，父母先要冷静下来

当男孩犯了错误，父母的第一反应是非常生气，甚至动手打孩子，事后又非常后悔，这些都是由于父母没有控制好自己的情绪而产生的不良后果。

父母可以转移自己的注意力，先冷处理，待自己的情绪稳定之后，再来解决问题。这种冷处理可以让孩子认识到自己的错误，不必经受父母过度的责备和惩罚。

方法二：站在孩子的立场考虑问题

当父母看到孩子犯错误的时候，不先了解孩子为什么这样做，而是不由分说给孩子一顿毒打和辱骂，这样只会给亲子沟通造成极大的障碍。

所以，父母要站在孩子的立场考虑问题，先了解孩子的个性，根据孩子自身独有的性格特点采取适合的方式沟通。有的孩子调皮捣蛋、好问，父母就不要打击孩子的积极性，和孩子一起探索；有的孩子文静内向、性子慢，父母就一定要有耐心，仔细倾听孩子的想法，不要轻易否定孩子。如果不用心了解孩子，就不能真正站在孩子的立场考虑问题，也就不能通过沟通来帮助孩子解决学习和生活上遇到的问题。

如果父母能站在孩子的立场考虑问题，就会和孩子的心贴得更近，更能理解孩子的心理和行为，这样会让父母成为孩子的知己，与他共同成长。

方法三：让男孩承担做错事的后果

周末，小明去奶奶家玩儿，到了傍晚，奶奶和妈妈决定包饺子给小明吃，

于是，她们就开始包饺子，而在一旁玩耍的小明突然对奶奶包好的生饺子产生了兴趣。趁奶奶不注意，他拿起一个生饺子就要往嘴里放。正在奶奶准备拦的时候，小明的妈妈阻止了，她对小明的奶奶说："让他试试吧，不然他不会知道为什么生的不能吃。"果然小明只吃了一口，就皱着眉头吐了出来。

如果男孩总是听不进大人的话，那么在保证其安全的前提下，不妨让男孩承担做错事的后果。通过自身的切实体验，他将能深刻领悟到父母先前的教导是正确的、重要的。

综上所述，我们不难总结出这样一个道理：教育男孩的方式有很多种，但打骂男孩却是教育方法中最差的一种，作为男孩的父母，想要培养出优秀的男孩，一定要注意多引导、少控制。

专家教你男孩怎么养

父母如何正确教育越打越犟的男孩？

第一，收起拳头。父母要少用棍棒教育法，多给男孩一些耐心。

第二，用结果教育男孩。小男孩脾气犟，不撞南墙不回头，这个时候，父母可以在安全的前提下让他去"撞"一下。

翻墙、爬树、打闹——精力充沛不是错

与文静的女孩相比，男孩好像总有用不完的精力，一刻都不想停下来，他们有时会在小区踢球打碎邻居家的玻璃，有时会在下课后一起捉弄同班的女生被叫家长……因此，男孩的父母无不纷纷感叹：养个男孩真难啊！

的确，生活中男孩给父母制造的麻烦远远超出女孩带给父母的困扰。男孩的父母时不时地要去处理男孩惹下的麻烦，比如被叫到学校向被他欺负的同学道

歉……就这样，很多男孩都被贴上了“坏小子”的标签。

韩磊13岁了，上初一，他一直是父母眼中的问题男孩，总时不时地给父母惹麻烦。一天，班级里投票选举班长，韩磊也参加了竞选，然而就在投票结束后，老师却在没有唱票的前提下就宣布另一个女生为班长，而那个女生正是平日里老师最喜欢的学生。韩磊感觉不对，觉得老师骗了自己，因为他自己能够感觉到，很多同学都选了他，如果唱票的话，他不一定会输。于是，韩磊就站起来要求老师唱票之后再宣布选举结果，没想到老师却对韩磊说作为班主任她有权选择班长。气不过的韩磊因此就和老师争吵了起来……

在老师看来，像韩磊这样调皮的男孩是没办法胜任班长职务的，哪个老师会喜欢调皮、捣蛋的班长呢？但作为男孩的父母，则应该跳出老师普遍的想法，多站在男孩的立场考虑问题。爱玩儿、顽皮、淘气本是男孩的天性，如果你整天要求男孩停下来、安静下来……那男孩又怎么能成长为顶天立地的男子汉呢？正如一位儿童心理学家所说：“生活中，父母和老师给男孩和女孩穿上了一样的鞋子，却希望他们走出不一样的道路来，这完全是不可能的，也是不现实的。”

给男孩父母的建议

生活中，父母应该如何引导精力充沛的男孩呢？

方法一：尽量满足男孩的好奇心

很多时候，男孩之所以淘气是因为他好奇，一旦父母满足了男孩的这种好奇心，他就会对某种事物失去兴趣，渐渐地，他那种令人头疼的淘气行为也会慢慢消失。但是，如果父母一味地约束男孩的行为，就会激起他的好奇心，让他产生一种一探究竟的念头，结果，他的淘气行为反而越来越多。

君君6岁了，非常喜欢玩水，平时总背着妈妈给家里的盆景浇水，结果不是弄得满地全是水，就是把盆景给浇死了。除此之外，每当下雨天，君君就跑到外面去玩水，妈妈越不让他去，他就越去。

后来，君君的妈妈改变了策略，她不再拦着君君在雨天出去，而是在君君出去前，给君君准备好雨衣和雨鞋，以免他着凉，随后，就让他可劲儿地在雨中玩儿个痛快。两三次后，君君便不再在下雨天出去了，当妈妈询问君君为什么不出去的时候，君君只是说：“下雨也就那样，没什么意思！”

的确，当你满足了男孩的好奇心后，你就会发现，过不了多久，他的兴趣就会转移到别的地方上去，所以，如果你的儿子也想在雨天到外面玩耍，那么不妨让他痛痛快快地去玩儿个够，用不了几次，他就会乖乖地待在家里，再也不在雨天出去了。

方法二：陪男孩一起去冒险

男孩具有充沛的精力，父母有时想不出还有什么方法能让他不在雨天出去淋雨，不要和伙伴们一起密谋什么探险活动最后迷路找不到回家的路……

一天，小志正在房间里规划自己的暑假计划，他决定和好友家明一起参加暑期攀爬自行车训练。

傍晚，小志将自己的计划告诉了父母，但父母考虑到儿子才12岁，而攀爬自行车又是危险性很大的活动，所以，他们马上拒绝了儿子的请求。但已下定决心的小志并没有就此放弃，而是打电话寻求奶奶的帮助，当然，他可没有告诉奶奶自己要去参加攀爬训练班，而是告诉奶奶自己要去学习美术，想让奶奶赞助点儿学费。奶奶很宠爱自己的孙子，于是爽快地答应了。第二天，小志就拿着奶奶赞助的钱和家明去商场买了自己钟爱的攀爬自行车，并且交了训练班的报名费。

不过，事情很快就被小志的父母知道了。到了出发那天，小志前脚刚走，他的父母后脚就跟上了，他们一直跟着小志来到了训练班，全程默默地观看小志训练。虽然训练中小志摔倒了很多次，但是每次他都勇敢地站起来继续训练，小志的父母从他的训练中看到了儿子坚韧的一面。

下课后，小志看到了父母，心虚地走过来，低着头对着父母说："对不起！"

爸爸看着小志，笑了笑说："你是该说'对不起'，因为你骗了奶奶，不过看了你的训练，我也要由衷地说一声'很不错'！"

"真的？那你们不生气？"小志惊喜地问道。

"你知道吗，我在像你这么大的时候也总喜欢去尝试一些刺激的事情，爸爸也知道当你想做一件事情的时候，我们越是阻止你，你就越想去对吗？看到你这么勇敢坚强，我和你妈妈也会重新考虑是否让你继续练习。不过，你以后不能再说谎话了。"

"真的？太好了，爸爸万岁，我答应你，以后再也不会说谎了。"

正如故事中小志爸爸所讲，当男孩认定一件事情之后，即使在父母的威胁下没有做成，他也会在父母不注意的时候偷偷地做，所以，父母保证男孩安全最有效的方法是在你能够控制的范围内，让他大胆去尝试，甚至可以陪他一起去冒险，这样他才能健康地成长起来。

专家教你男孩怎么养

父母如何引导精力充沛的男孩？

第一，平静地看待男孩的淘气行为。

第二，让男孩对自己的行为负责。

第三，要让男孩把多余的精力通过正确的方式宣泄出来。

第四，冷静地面对犯了错误的男孩。

0 ~ 6 岁：父母要给男孩特别的关注

在一般人眼中，婴儿都是一样的，无论是男孩还是女孩，而照顾婴儿也不外乎喂他们吃东西、哄他们睡觉、照料他们等。然而，事实是这样吗？

一位妈妈这样描述她的生活经历：

我非常幸运，生了一对龙凤胎。虽然他们同时降生，但在表现上还是有很大的差别。我的女儿很少哭闹，但我的儿子就不一样了：他常常动个不停，只有我来到他身边，将他抱在怀里时，他才好一些。

我的儿子每次哭闹都要不停地蹬腿，这时我轻轻地亲吻一下他的额头，他便会平静许多，但是他的“怒火”还是没有平息，我只有不停地对他说话，他才渐渐停止哭闹。后来我意识到，与我的女儿相比，我的儿子更需要我的安抚、拥抱和亲吻。可见，养育一个男孩，需要有比养育女孩更多的耐心……

无论哪种性格的男孩，他们在 6 岁前都有一个共同点——非常需要父母的关爱和教育。这个对世界充满好奇的小生命喜欢被父母抱在怀里，喜欢父母和自己说话，喜欢被别人逗得咯咯直笑，希望父母能时时陪在自己身边……换言之，0 ~ 6 岁的男孩更需要父母的关注。

给男孩父母的建议

对于 0 ~ 6 岁的男孩来说，如果在小时候情感得不到满足，缺少关爱，长大后其心理健康就会受到影响，因此，男孩的父母一定要给自己年幼的儿子多一些关爱，与他多一些互动。具体可以借鉴以下几种方法：

方法一：经常陪伴男孩，多给他一些关注

不满 6 岁的男孩如果缺少父母的关爱，那么他有时会做出一些让父母匪夷所思的事情来。

下面是一位妈妈在教育儿子时遇到的问题：

我的儿子 5 岁了，由于平时工作很忙，所以我们能够和孩子待在一起的时间也不多。那天是周末，朋友家的两个孩子来我家里玩儿，我切好水果后就和朋友们一起闲聊起来，没过一会儿，朋友家的一个小女孩就哭了起来，我们走过去一看，发现我的儿子正扭着那个小女孩的辫子。

儿子看到我走了过来才放了手，对此我感到非常恼火，就打了儿子一顿，我问儿子为什么要这样做，儿子却始终不回答。直到后来我才明白，他这样做只是为了吸引我和他爸爸的注意力，因为我们平时太忽略他了。

是的，这个年纪的男孩对父母的行为非常敏感，十分在意父母的一举一动。就像上文中小男孩的妈妈所说的那样，如果生活中，父母没能给予男孩足够的重视与关爱，那么，他就会为了吸引父母的注意力而故意做错事情。

当然，如果男孩长时间通过这样的方式来获取父母的关注，则往往说明他缺乏安全感，在这样的环境下成长，对男孩的心理健康及人格发展十分不利。

因此，父母应该多给男孩一些关爱和特殊的关注。

方法二：不要让男孩 3 岁前进入幼儿园

对于一些白领父母而言，由于平时工作很忙，所以自己很难抽出时间来带孩子，于是在孩子 3 岁前就把孩子送到幼儿园，希望增强他的独立性，同时也可以

腾出精力做自己的工作。从表面上来看，这样做合情合理，但很多教育专家却指出，男孩应该稍微晚点儿上幼儿园。

这是为什么呢？因为男孩的发育比女孩晚一些，而男孩的心智也比同龄女孩晚熟一些，因此，男孩更需要父母的耐心呵护。如果此时父母不顾及男孩的感受，强行把他送入幼儿园，那么，可能会对孩子的心理发展产生一定的影响。

方法三：不要埋怨男孩，多给他一些鼓励

如果作为父母的你足够细心，就不难发现即使是再小的男孩，他们也有自己的性格。例如，有些男孩胆子很大；有些男孩好像天生就很胆小，不怎么喜欢接触新鲜事物……

那么，男孩的这些性格又是怎样形成的呢？

男孩性格的形成与差异，除了先天的遗传因素影响之外，与他们所处的家庭环境及父母的教育方式都有很大的关系。

举个很简单的例子，学走路对于小男孩来说不是一件容易的事情，因为这期间可能会摔倒很多次，当男孩摔倒的时候，如果父母埋怨他，说他很笨，那么，此时的男孩大都会委屈地哭起来；如果父母没有埋怨男孩笨，而是耐心地告诉他走路的时候，一定要看清楚脚下，慢点儿走也没关系，并鼓励他已经走得很好了，这时，男孩就会对学走路这件事情充满信心，他会觉得生活很美好，而这种心态会一直影响男孩日后的成长，让他变得乐观向上。

总之，6 岁前的男孩无论是在心理承受能力还是在情感方面都相对脆弱，所以，在日常生活中，父母更要满怀热情地去教育男孩、鼓励男孩。

专家教你男孩怎么养

6 岁前的男孩是最需要父母特别关注的，那么，父母应该如何关爱男孩？

第一，多多陪伴他，比如与男孩一起做游戏等。

第二，每天给男孩讲一个故事，可以增进彼此之间的感情。

第三，在男孩生病时，耐心地陪在他身边，为他送去关爱。

7 ~ 12 岁：父母的监督和指导最重要

男孩一般超过 6 岁，行为往往会发生巨大的变化，会从小男孩一下子变得很有男子气概。虽然，很多时候，他们的举动在成年人眼中，还是那么幼稚甚至有些可笑，因为他们总是会用一些奇怪的行为来证明自己是一个十足的“男子汉”。

一般来说，这个年龄段的小男孩都喜欢舞刀弄枪，甚至梦想着自己有一天能去拯救地球；他们喜欢爬上爬下，甚至做一些很危险的游戏……

除了行为之外，在这一阶段男孩的思维也发生了很大变化。男孩理解他人情感的能力逐渐增强，比如，他可能会问父母这样的问题：“我是家里重要的人吗？”“我的存在是不是给父母带来了很多麻烦？”……事实上，这些问题的出现恰恰是男孩自尊心的一种表现。

不过，除了男子气概和自尊心之外，从 7 岁起，有的男孩还会逐渐形成攀比心理。比如，看到小伙伴有了新球鞋，他就想要一双更好的。在这一时期，父母需要给男孩灌输正确的金钱观念，防止他养成攀比、铺张浪费的坏习惯。

给男孩父母的建议

对任何父母而言，教育 7 ~ 12 岁的男孩都不是一件容易的事情，需要花去你更多的时间和精力。值得注意的是，父母千万不要试图通过说教或打骂的方式来教育男孩，否则不但成效不大，反而有可能让男孩产生逆反心理，变得更加难以管教。

方法一：多给男孩一些赞美，激发出他的男子气概

随着年龄的增长，细心的父母可能会发现，男孩在证明他男子气概的同时，也改变了对某些事情的原有认识。例如，在男孩四五岁时，父母要求他帮忙去扔垃圾或收拾玩具，男孩一般都会跟父母讲条件：“我要先吃一块蛋糕才能收拾。”“如果你能给我买一个新玩具，我就去。”但当男孩到了七八岁时，他一般不会再与父母讲条件，如果父母能够欣赏他或是表扬他几句，他往往会很高兴

地帮父母做家务。

下面是发生在一位爸爸身上的经历：

一天，我正在擦车，7岁的儿子突然跑过来要帮我擦车，我当时正好缺个帮手，就同意了。我告诉儿子怎么擦后，他就开始忙活了。过了一会儿，我看到他擦的那部分并不怎么干净，但是对于一个7岁的孩子来说，已经很棒了，于是我就说："儿子，你真棒，没想到你还有两下子。"

接下来，儿子擦得更认真了，也许他也看出了自己擦得不是很干净，于是就多擦了几遍，最后擦得很干净，擦完后，他还主动给我拿来了水，随后把擦车时用的所有工具都收了起来，放进便携桶里，这让我很吃惊。

是的，这就是男孩的转变。在自尊心的驱使下，他会主动帮助父母做事情，而他想要得到的也不再是一块蛋糕或者一个小玩具，而是一两句父母真心的赞美。

方法二：引导男孩用正确的方式表达自己的想法

七八岁的小男孩不仅很淘气，而且总会不经意地说出一些伤人的话来。不过，在大多数情况下，男孩口中说出的那些难听的话，并非出自他的本意，只是他的表达方式不能让人轻易接受或他还没有找到合适的方式表达自己的情感。

下面是发生在一位妈妈身上的故事：

那天，我买了一件浅紫色的外套，我穿着它回到家，我的儿子给我开的门，正巧邻居家的一个小女孩也在，于是，我就询问他们两个人对我这件新外套的看法。

邻居家的小女孩是这样说的："阿姨，我觉得你这件衣服无论是款式还是上面的刺绣都做得特别好看，但如果颜色能再淡一点儿就更好了。"但我的儿子却在一旁打岔道："我觉得这件衣服很难看，就像个大茄子。"

看，小男孩就是这么直爽，他总是想什么说什么，不会拐弯抹角，但是，也反映出了一个男孩身上很大的缺点——不顾及别人的感受。

作为父母，你必须意识到，如果你的儿子总是用以上方式与人沟通，那么，他在社会交往中很容易遇到障碍。

如果父母遇到以上问题应该怎么做呢？你要引导男孩用正确的方式表达自己的想法，比如，让他说"我不大喜欢这衣服的颜色"之类的话，久而久之，男孩就会逐渐掌握正确的表达方式。

专家教你男孩怎么养

7 ~ 12 岁是孩子重要的发展阶段，父母如何指导男孩成长？

第一，做好男孩的健康保健，预防常见疾病发生。

第二，将生命教育纳入生活实践之中，指导男孩认识自然界的生命现象，帮助他建立热爱生命、珍惜生命、呵护生命的意识；通过日常生活事件增长男孩居家出行的自我保护意识及基本的生命自救技能。

第三，培养男孩基本的生活自理能力。

第四，帮助男孩养成良好的学习习惯。

第五，引导男孩学会感恩父母、诚实做人、诚实做事。

第六，培养男孩的劳动观念和正确的消费习惯。

13 ~ 16 岁：正确引导男孩走过青春期

提起 13 ~ 16 岁的男孩，父母首先想到的词语恐怕就是“青春期”和“叛逆”。的确，原本淘气的儿子，突然间变得沉默了；从前一点儿不注重外表的他，也开始每天出门前关注自己的发型，买衣服时考虑这件衣服能否追得上潮流；以前和父母关系融洽，现在关系突然变得紧张起来……

你的儿子已经不再是曾经的那个小男孩，而是即将长大的男人，他们不再希望父母管束自己，而是渴望自由的空间。

那么，父母应该怎么教育这个阶段的男孩呢？首先应了解这个阶段男孩的特点：

一个显著的特点就是男孩的情绪变化多而快。青春期男孩的情绪就如同天气一样，时阴时晴，让父母琢磨不定，一句鼓励就能让他们信心倍增，一次打击就能让他们垂头丧气。

另外，青春期的男孩处于情感的懵懂期，这个阶段他们渴望爱情，即使那种经历并不能被确切地称为爱情。他们可能会喜欢上隔壁班的女生或迷恋上哪个女艺人……面对男孩的这种行为，父母应抱有宽容的态度，与此同时，父母应多与男孩沟通，引导他们建立起正确的爱情观。

给男孩父母的建议

这一时期，男孩将学会如何从一个不懂世事的小男孩向一个懂事的大男生跨越，因此，父母对男孩的引导与教育十分重要。若父母选对了教育方法，那么男孩就能顺利度过青春期；反之，若父母用错了教育方法，那么男孩在青春期会出现许多问题。

方法一：尊重青春期的男孩

你不得不承认，男孩真的长大了，他们有了自己的想法和主见，会跟你提意见，也会拒绝你的要求。父母在教育这个年龄段的男孩时，应该把他们当成大人来对待，尊重他们的建议，允许他们拒绝，只要他们说出的理由是合理的，你就应该同意。

生活中，父母应多以朋友的身份和男孩交流，不要给他们太多压力，否则只会激起他们的逆反心理。

下面是一位爸爸的教子经验：

我儿子马上就要上高中了，就像很多青春期男孩的父母一样，起初我也迷茫过，因为我儿子也曾和我对着干，但是现在好了，我们是无话不谈的朋友，我能及时掌握儿子的想法，并对他进行正确的引导。

一天，儿子闷闷不乐地回到了自己的房间，过了好久，他也没出来，于是我就进去了，起初他对我是有防备心理的，这不由得让我想起了自己在青春期时也是这样，既希望得到父母的帮助，又防备父母。

接着，我跟儿子谈起了自己青春期时的往事，也谈了那个时候的初恋，还告诉他不要告诉妈妈，当作男人之间的秘密。这个时候，儿子也告诉我一个秘密，他说他有一个女朋友，但是今天分手了，于是，我们就这个问题聊了起来，我以朋友的身份给了他一些建议，他最后都欣然接受了。

方法二：从各个方面帮助男孩树立正确的价值观和是非观

面对男孩的“不听话”，父母应该宽容和理解他们，但并不是说要纵容他们，让他们任意发展下去，而是要从各个方面进行指导，帮助他们树立正确的价值观和是非观，让他们对那些坏习惯产生“免疫力”。

一位爸爸曾经谈到这样的教子经验：

对于我那正处在青春期的儿子，我是非常宽容和理解的，也正因为这样，我们的关系非常好。我常常找儿子聊天，让他谈谈对一些事物的看法，这样做，有利于树立他的价值观和是非观。当然，我们也有发生矛盾的时候。前段时间，儿子不知道和谁学会了说脏话，脏字、脏话一串串地从嘴里冒出来，让人听上去非常不舒服。我温和但又不失严厉地对儿子说：“说脏话是不好的行为，你以后要改掉这个坏习惯。”儿子有些不服气地说：“我们班里的男生都这样。”我说：“你不应该追随别人，你要有自己的观点和看法。我问你，你感觉说脏话很好吗？”儿子低着头不说话。我接着说：“既然你也认为说脏话不好，你就应该坚持自己的做法，而不是模仿别人。”从那以后，儿子改掉了说脏话的坏习惯。我认为，对青春期的孩子要宽严相济：一方面多给他们理解和尊重，但是遇到一些原则问题时，一定不要纵容他们，这样，孩子才能健康地成长。

专家教你男孩怎么养

父母应该如何正确地教育青春期男孩？

第一，对青春期男孩进行必要的性教育。

第二，对青春期男孩进行情感教育，让他分清友情和爱情。

第三，先尊重再沟通，充分了解他们的所想所需。

第四，关注他们的身体与心理变化，及时对他们进行指导。

第二章

培养男孩，父母应扮演好各自的角色

这个世界上最具挑战性的事情是什么？

答案显而易见，那就是做男孩的父母。

作为爸爸，你必须以身作则，你要时刻提防自己的坏习惯，生怕男孩在不经意间学了去，还要不断地通过自我实践告诉男孩，何谓男子汉……

作为妈妈，你不仅要爱孩子，还要教会孩子如何去爱，如何获得未来生存需要的各项能力……

那么，男孩喜欢什么样的父母和家庭呢？

如果你还在为此迷惑，不妨好好看看本章内容吧！

妈妈对男孩成长的作用

有这样一句谚语："妈妈一手摇着摇床，另一只手却在摇动整个世界。"确实如此，无论是年幼无知的小男孩，还是已经长大成人的男人，妈妈绝对是他们生命中最重要的人，因为妈妈的存在会带给他们十足的安全感，妈妈永远是男孩或男人心灵停泊的港湾。

男孩自幼与妈妈接触频繁，再加上大部分妈妈照顾孩子都非常的温柔细腻，所以，男孩与妈妈之间的亲密程度要高于与爸爸之间的亲密程度。一个男人从襁褓中的小婴儿成长为男子汉，这期间妈妈的养育起着至关重要的作用。

在男孩幼年时，妈妈能够耐心地教导男孩，并且以身作则，经常与他交流、沟通，那么，他就能在日后成长为一个有责任、细心、有耐心、品行端正的男人；相反，如果妈妈消极厌世、情绪低落，在男孩出生后的两年里未尽到职责，那么男孩就会缺乏安全感，长大之后也很难向自己的伴侣或孩子表达关怀和柔情。

给男孩父母的建议

作为男孩的妈妈，无论你的儿子处于哪个年龄段，你都应该一如既往地尊重、鼓励他，并让他建立正确的价值观，不断提升他的个人修养，将他塑造成一个优秀的男子汉。

方法一：从小事关爱男孩，让他具有安全感

母爱不仅会给予孩子十足的安全感，促使他勇敢面对困难和挑战；还能在潜移默化中净化孩子的心灵。

刘畅是一个脾气非常暴躁的男孩，刚上初一的他常常因为一点儿小事就和同学大打出手。一天，刘畅因为抢篮球场的事和高年级的同学发生了摩擦，对方还没说几句话，刘畅上去就打了对方一拳，当时就把对方的鼻子打出了血。

随后，老师找到了刘畅的父母，结果来到学校的却是刘畅的奶奶，原来，刘畅自幼父母离异，他是由爸爸带大的，小的时候，刘畅一不听话，他爸爸就会狠狠地打他，渐渐地，刘畅也开始效仿爸爸，喜欢用打架的方式来消除心中的不快；加之他从小又缺乏母爱，便形成了这样暴躁的性格……

从上面的故事中我们不难看出，刘畅之所以性格暴躁，喜欢用打架解决问题，多半是因为他自幼没有得到足够的母爱，爸爸又经常对刘畅拳打脚踢造成的。简言之，如果男孩在家庭生活中缺乏安全感，心理需求长期无法得到满足，就很可能影响他的性格发展和心理健康，无法形成良好的自我形象。

那么，如何才能改造男孩的不良品行呢？最好的办法就是让他感受到母爱的温暖，生活中，只有母爱才能为孩子塑造出安定、祥和、善良的人格，所以，妈妈要不断地将自己的爱倾注到男孩成长的过程中，有时间尽量自己带孩子，让孩子在和谐的家庭氛围中成长。

方法二：把握机会引导、规范孩子的行为

男孩小的时候，不会分辨事情的好与坏、对与错，这就要求妈妈把握合适的机会去引导男孩，告诉他哪种行为是正确的，哪种行为是错误的。

一位妈妈这样总结自己的教子经验：

儿子5岁了，是众人眼中懂事的好孩子，这其实是与我平时的教育分不开的。从儿子3岁起，我就开始有意识地规范他的行为，当他把自己的衣服乱丢时，我会告诉他这样做不对，并且在我叠衣服的时候，告诉他，这样做才是正确的；当我们一起买菜的时候，我会微笑着对卖菜的大叔说“谢谢”，并且告诉儿子，要懂得感谢身边的人……虽然我知道儿子的年纪还小，但是我更知道，在他小时候对他进行品德教育，常常比他大了以后再教育起的作用更大。我的方法很奏效，两年时间过去了，在我的熏陶之下，我的儿子现在很有礼貌，脱下来的衣服会自己叠好，也非常有爱心，要知道这比单纯地教他识数、认字重要得多。

这位妈妈的做法非常明智，她不仅重视儿子的智力开发，更重视培养儿子的品德和好习惯，那么，生活中妈妈应该如何培养男孩优良的品德和好习惯呢？

首先，妈妈应该以身作则，规范自己的行为，比如在孩子面前表现得有礼貌等。

其次，妈妈不仅要给予男孩温暖的关怀，还要悉心留意男孩的各种生活习惯。对其优良的习惯，要多加鼓励，令其保持下去；一旦发现其不良的习惯，就要马

上指出，并督促其改掉。

一位妈妈这样总结自己的教子经验：

我儿子特别马虎，总是丢三落四的。那天，他出门回来时才发现自己忘带钥匙了，于是就央求我给他回来开门，我当时正在朋友家，也没什么重要的事，但是想到儿子总是那么马虎，我觉得不能再惯着他了，于是就告诉他我现在有事，不能回家，虽然他再三央求，但我还是忍住了。一小时后我才回到家，看见儿子一个人坐在门口等，我上前就对他说："以后还丢三落四的吗？"儿子摇摇头，说："再也不会了。"

每个男孩都有很强的可塑性，只要妈妈能把握好方向，付出爱心，采取有效的方法，就一定可以把男孩培养好。

专家教你男孩怎么养

妈妈如何塑造男孩的品性、规范男孩的行为？

第一，让男孩感受到足够的母爱。满足孩子的物质需求并不是爱，而是应该多与儿子相处，让他感受到足够的母爱及安全感。

第二，帮助男孩分清是非对错。男孩年纪小，对很多事情没有明确的判断，此时妈妈应该正确引导男孩，及时纠正他的错误行为。

爸爸对男孩成长的作用

作为男孩生命中第一个接触的男人，爸爸的一举一动都影响着男孩，所以有人说："让一个男孩和一个合适的男人在一起，这个男孩就永远不会走上邪路。"而这个"合适的男人"在生活中则非爸爸莫属。

但是现实生活中，很多爸爸为了事业而"牺牲"了自己的儿子。他们认为只有辛勤工作才能为孩子提供最优越的物质生活，却不知道对于男孩来说爸爸的陪伴才是其最迫切的需求。

下面是发生在一位爸爸身上特别有趣的事：

李先生的儿子3岁了，李先生最近发现，这个小家伙特别喜欢模仿他的动作和行为。一天，李先生用剃须刀刮完胡子出来，忘了及时放到盒子里，结果就这么会儿工夫，当他再回到卫生间的时候，发现3岁的儿子正学着他的样子对着镜子刮胡子，刮两下就摆弄剃须刀一会儿，估计是没找到电动开关。

每个男孩都在默默地关注爸爸的一举一动，并且会积极模仿爸爸的一言一行。作为男孩的爸爸，如果你孝敬父母，那么你的儿子也会尊重你，孝顺他的爷爷奶奶、外公外婆；如果你对妻子、朋友都以礼相待，那么你的儿子长大后也会像你一样绅士，受人欢迎。反之，如果你经常当着儿子的面表现得很粗暴，对亲人也大喊大叫，不尊重家人及朋友，那么，你的儿子长大之后就会成为你的“翻版”，变成一个有很多不良习惯的人。

给男孩父母的建议

“一个爸爸胜过一百个校长。”这是英国文学家哈伯特说过的话，它的意思是在强调爸爸在男孩成长过程中的重要性。

那么，爸爸应该如何培养男孩呢？

方法一：告诉男孩应该怎么做

李南9岁了，他最大的缺点就是拖拉，干什么事情都很慢，就拿上学来说吧，他经常迟到，事实上，他起得也并不晚，就是一会儿弄弄这个，一会儿弄弄那个，时间就不够了。

为此，李南的妈妈没少说他，可是情况依旧没有什么改善，即使上课不迟到了，放学回家也很拖拉，无奈之下，李南的妈妈把这项任务交给了李南的爸爸。

那天下午放学回家，李南的爸爸坐在客厅里等李南，听到隔壁家上学较远的孩子都回来了，李南还没回来，爸爸有些着急了，又等了10分钟，李南才慢慢地走回来。

“怎么这么晚才回来？”爸爸见儿子一进门就严厉地问。

“路过公园的时候，走得慢了点儿。”李南小声地说着。

“该干什么就干什么，放了学没有别的事就应该马上回家，以后不要在大街上乱逛，还有，早上上学也是，不要拖拖拉拉的，每天临睡前就把书包整理好，吃完早饭就直奔学校，知道吗？”

“嗯。知道了！”

“好了，不要光答应，我要看你的表现。”

说来也奇怪，李南的妈妈说了很久也不起作用的事情，李南的爸爸说了几句就有了效果，每天晚上，李南真的按照爸爸的要求收拾好书包再睡觉，早上也直奔学校，回家的时间也早了很多，拖拉的习惯明显有所改变。李南的妈妈不明白，怎么同是教育儿子，爸爸出面效果竟这么好呢？

事实上的确如此，在很多男孩眼里，爸爸是权威的象征，他们可以不听妈妈的管教，却很少敢违抗爸爸的意愿。这是为什么呢？因为男孩都喜欢按规矩行事，更喜欢为别人制订规矩，但由于男孩的年纪还小，没有能力去制订，因此，只能服从于严父的规矩。

当然，爸爸在给男孩制订规矩的时候，应尽量人性化，如果你制订得不合理，男孩提出质疑，也要相应地进行修改。但对于一些原则性规矩，爸爸要坚决执行，比如不许玩火、玩电、浪费水等。

方法二：把你的男子气概传递给男孩

生活中的爸爸大都不会像妈妈那样对自己的儿子百般宠爱，他们常常在男孩面前摆出一副硬汉的模样，让男孩感受到他们的威严。在生活中，爸爸如果能把自己的男子气概融入教育男孩的过程中，那么男孩的性格也会变得坚毅，做事充满勇气。

那么，爸爸怎样才能把男孩培养成合格的男子汉呢？

首先，爸爸要给儿子做好表率，在儿子面前做一个顶天立地的男子汉。例如：在遇到困难时，爸爸要在男孩面前保持冷静的头脑，从容地应对问题，这会在无形中教会孩子，让他拥有坚定的意志和冷静的头脑。

其次，空闲的时候，爸爸不要总是在房间里待着，而是应该多陪儿子外出玩耍，可以踢一场足球或者去野外爬山等，这些充满刺激性和挑战性的运动更有利于培养男孩强健的身体和敏捷的思维。

专家教你男孩怎么养

在教育男孩的过程中，爸爸具体要做些什么？

第一，爸爸应该和儿子建立起亲密的关系，关注儿子的一举一动。

第二，爸爸要把自己的男子气概传递给儿子，教他如何成为真正的男子汉。

第三，爸爸在教育男孩的过程中，要以身作则，设法让自己成为男孩眼中集约束力、威严、权力于一身的男人，以此树立自己在儿子心中的形象。

营造温馨的家庭环境

在男孩眼中，家不仅仅是生活的地方，更是他们学习和成长的地方。在这个地方，他们会学会如何爱人、如何感恩，当然还有生命中最重要的一课——如何成为一个顶天立地的男子汉。

说到这里，不少父母便会问了，既然如此，那什么样的家庭环境才适合男孩成长呢？答案很简单——一个温馨、和睦的家庭。

在男孩的心中，家不一定非要富丽堂皇，但它必须温暖：里面住着爱自己的爸爸妈妈；大家每天生活得都很开心，从不争吵；一家人坐在一起其乐融融地吃饭，一边聊天一边开玩笑……

给男孩父母的建议

父母是孩子的第一任老师，家庭则是孩子的第一所学校，健康和谐的家庭环境，是孩子身心健康发展的前提条件。那么，如何营造一个良好的家庭环境呢？可以从以下几方面入手。

方法一：父母不要当着孩子的面争吵

“你简直就是个窝囊废！”

“有本事你去挣钱，就知道在家里耍横！”

……

这是夫妻吵架时经常会出现的台词。也许当夫妻争吵完后，并没有觉得有什么不对，权当一场发泄罢了，但他们却没有考虑到孩子的感受以及这些恶意伤人的话会对孩子造成什么影响。

家庭是孩子成长的摇篮，父母是孩子的镜子，一言一行、一举一动都对男孩的成长产生着重要的影响。

方法二：让男孩自己拿主意，营造民主的家庭氛围

首先，你不应单纯地把自己当成男孩的爸爸或妈妈，而是要试着成为男孩的朋友、伙伴。你要明确男孩的位置，他是家庭中的一员，而非你的附属品，他有自己的思想、意志，也有强烈的自尊心。此外，父母千万不要存在那种“孩子还小，很多事情没有必要让他知道”的心理，这样会让孩子觉得自己是脱离家庭生活的，从而产生一种孤独感。作为男孩的父母，你必须保证家庭内每个成员之间都是平等的，不能因为年龄关系就对他“另外对待”，要知道，再小的男孩也有自己的感受，他一样需要父母的尊重、信任与重视，更需要父母的爱。

方法三：在男孩面前表现出快乐的一面

儿童心理学家研究调查发现，在愉快的家庭氛围中长大的男孩，其智商及情商的发展都比较全面。这主要是因为，愉快的家庭氛围能减轻男孩在学习和生活中的压力，还能够促进孩子大脑细胞的发育，并有利于培养他的交际能力。

如果父母把欢声笑语带回家，那么，家就是一个令人快乐、放松身心的地方；反之，如果父母把烦恼带回家，那么，家则是一个让人消沉的地方。试想一下，有哪个孩子不愿意生活在愉快的家庭氛围中？

所以，父母应该为男孩营造一个温暖、幸福的家庭氛围，这是最基本的责任。

专家教你男孩怎么养

父母如何为男孩营造一个温馨的家庭环境？

第一，不要总是忙于工作而忽略陪伴男孩。

第二，让男孩参与到家庭生活中来，给他参与家庭中各种事务的权利，如

装修的颜色、要不要购买新的空调等。

第三，不要把烟酒放在男孩轻易能够碰到的地方，不要在家里饮酒打牌，闲来无事的时候，多和男孩说些有意义的事情。

重视性别教育，让男孩成为有担当的人

我们都知道，男孩与女孩在行为、性格等方面存在着一定的差异，就连喜欢的玩具都不同。男孩大都喜欢车、手枪，而女孩大都喜欢洋娃娃。很多父母认为孩子的这种性别差异是天生的，不需要父母引导，女孩长大后自然会成为温婉的淑女，而男孩长大后也会成为充满男子气概的男子汉。

但事实是这样的吗？

有一个男孩叫辛辛，他刚出生的时候，他的父母特别想要一个女孩，于是就给辛辛穿小花裙子，像养女孩那样养辛辛。在不知不觉中，辛辛养成了很多小女生才有的习惯，说话细声细语，走路的时候还扭来扭去。

等到辛辛上小学后，班上的同学都嘲笑他是个“娘娘腔”，不喜欢和他做朋友，还经常用恶作剧整他，就这样，辛辛说什么也不去上学了。无奈之下，父母只好给辛辛转学，但转到新学校后，辛辛所遭遇的情况一点儿也没变，同学们依旧嘲笑他“娘娘腔”，不愿意和他交朋友，好多次，辛辛的父母看到辛辛躲在房间里哭。

事实上，辛辛所处的这种尴尬境地，很大程度上是他的父母造成的。也许在男孩很小的时候，父母意识不到，但事实上，错误的性别教育对男孩来讲简直就是噩梦。在这种错误的性别教育中长大的男孩，会产生错误的性别定位，使男孩成为众人眼中的“娘娘腔”。

目前很多家庭，教育男孩主要由妈妈进行，而爸爸则要么扮演沉默寡言的角色，要么就充当笨手笨脚、可有可无的配角，或者干脆长期为了工作不在家，这对男孩的身心健康和智力发育都会产生相当大的影响。

给男孩父母的建议

生活中，父母一定要对男孩的性别教育给予高度的重视。

方法一：从 3 岁起让男孩意识到自己的性别有别于女孩

专家指出：“性别教育是对孩子进行性教育的基础，是孩子对自身了解的启蒙，所以，从小就开始对孩子进行科学的性别教育是非常必要的。”

男孩的性别意识大概从 3 岁后开始建立，而 3 ～ 6 岁是对男孩进行早期性别教育的关键时期，此时科学的性别教育有利于他们形成健康的人格，为他们青春期正确处理两性关系打下坚实的基础。

方法二：爸爸应在日常生活中多陪男孩玩耍

家庭生活中，爸爸与妈妈扮演着不同的角色，妈妈用母爱让男孩明白什么是温柔；而爸爸则用自己的行动告诉男孩什么是宽广的胸襟。由此可见，就教育男孩这件事来说，只有父母配合，各自发挥自己的优势，才能让男孩更加健康地成长。

具体来说，男孩从小就多和爸爸在一起玩耍，如由爸爸带着男孩学走路、学跑步，等男孩大一点儿后，由爸爸带着他去公园玩耍，这对男孩的动作发展、性格形成都有很大的益处。

方法三：对男孩“示弱”，激起他的男子气概

沈涵 8 岁了，一般来讲，这个年纪的男孩是最让妈妈费心的，但是沈涵的妈妈却省心很多，出门的时候，沈涵从来不用妈妈费心，妈妈也从来不会反复嘱咐沈涵注意安全。相反，每次过马路的时候，沈涵都会主动拉着妈妈的手，对妈妈说：“我带你过马路。”到超市买东西后，沈涵也会主动接过妈妈手上的袋子，帮妈妈分担。

邻居们看到沈涵小小年纪就这么绅士，这么懂事，都纷纷询问沈涵的妈妈是怎么做到的。每当此时，沈涵的妈妈都会神秘地说：“因为我有一条特殊的教子方案：只要你在自己儿子面前‘示弱’，适时地告诉他，妈妈不记得去超市的路了，你要带妈妈去；妈妈的手没力气了，你要帮助妈妈……诸如此类，给小男子汉发挥男子气概的机会，久而久之，他就会变得很懂事、很绅士了！”

的确，生活中的大部分男孩都是吃软不吃硬的，你对他施加武力，也许他会害怕，但绝对不会在心里真正顺从你；如果你向他“示弱”，他往往会真心实意地听你的话。沈涵的妈妈无疑是聪明的，因为她抓住了男孩这一心理特点，从而把儿子打造成一位小绅士。

所以，妈妈一定要把握好孩子的这一心理，并恰当地运用自己的女性角色，给孩子制造一些机会，让他“保护”你、“照顾”你。

专家教你男孩怎么养

父母如何正确地引导男孩正视自己的性别特征？

第一，多带男孩参加一些男性为主的活动或聚会。

第二，在确保安全的条件下，鼓励男孩与其他的小伙伴一起去冒险、去挑战。

第三，可以给男孩讲一些关于责任感、英雄等内容的故事，让男孩逐渐成为有担当的人。

培养男孩需要指导、示范，而非惩罚

对于很多男孩父母来说，教育男孩最难的事情就是与男孩沟通。众所周知，男孩比女孩顽皮、好动、缺乏耐心，想让他静下心来听父母讲话绝非一件容易的事情。那么，父母应该如何与男孩进行沟通呢？

情景一

儿子回家后径直走到电脑前上网，没有做作业，父母发现后，没有给儿子任何解释的机会，也没有和儿子沟通，而是上去就是劈头盖脸的一顿骂，说儿子就知道玩儿，没出息……

情景二

儿子弄坏了家里的电视机，父母二话不说，上去就打儿子，还骂儿子是败家子，说后悔生了他之类的话……

毫无疑问，生活中有的父母把指责、批评、责骂，甚至拳脚当成了与男孩沟通的方式，结果常常事与愿违——大部分男孩不但没有因此变得乖巧，反而越来越不听话。

那么，为什么男孩会越打越犟，越打越不听话呢？

儿童行为专家调查研究发现：如果一个男孩在犯错后经常遭到父母的责骂或者殴打，久而久之，就会形成一种自我适应能力，并逐渐地对父母所谓的教育方式持一种无所谓的态度。此时，若父母还不及时反思自己的行为，就很有可能让男孩越来越不听话，甚至当有一天你打不动他的时候，他会对你大打出手，而造成这一切后果的根源在于你。

事实上，当男孩调皮惹父母生气后，父母通过打骂男孩的方式来让自己消气，却没有站在孩子的角度上想一想，你是消气了，可被你打骂的孩子呢？他又是什么感受呢？下面就是男孩挨打后所表现出来的几种情绪：

“其实我知道，父母根本不爱我，他们只是把我当成出气筒，无论我做什么都是错，都打我。”

“有能耐你们就打死我，不然总有一天我要还回来。”

“你越打我，我越不会按照你的想法去做！”

“等我长大了，我要做的第一件事就是远离你们！”

如果你是男孩的父母，如果你经常用打骂的方式来教育儿子，那么，看到以上这些话，你会做何感想呢？

要知道，在打骂之下，孩子不会对自己的错误有丝毫的悔意，反而会对父母产生怨恨之情。

给男孩父母的建议

当男孩犯了错误时，父母首先应想到的解决办法绝不应该是责罚与打骂，而是应该想如何与男孩沟通，帮助他分析自己的错误并改正自己的错误。

那么，如何让男孩认识到自己的错误，及时改正自己的错误呢？父母可以参照以下几点去做：

方法一：让男孩自己承担犯错的后果

事实证明，当男孩犯了错误后，光靠打骂是行不通的，那么，父母应该选择什么样的方式让男孩既认识到自己的错误，又能心甘情愿地改正呢？

答案只有一个，那就是告诉他："敢作敢当，要对自己的行为负责。"

下面是电视剧《家有儿女》中的一段情节：

一天，男孩刘星和他的哥们儿在小区内踢足球，刘星不慎将邻居家的玻璃踢碎了。为了不被父母责罚，刘星选择了逃避，没想到晚上就被爸爸发现了，但是刘星的爸爸并没有责骂他，而是让他自己去承担责任，并与刘星协商，若是刘星自己赔邻居家的玻璃，他就不告诉妈妈，当然这样做的后果就是刘星要拿出整个月的零花钱去购买玻璃，并请安装工人帮邻居家安装玻璃。

为了不让妈妈知道，刘星答应了爸爸的建议，第二天就去给邻居家换玻璃。

后来，妈妈在得知事情后问爸爸，为什么不好好教训一下淘气的儿子时，爸爸却笑着说："自己吃了苦头，踢碎了玻璃，搭进去一个月的零花钱，他下次绝对不会再犯了，相信我，这可比你打他一顿管用得多。"

所谓小惩大诫，才是家教的精髓，关键看结果。

方法二：教育男孩，耐心很关键

小男孩天生顽皮，父母能做的是给予他多一些理解，而并非打骂。要知道如果父母总是打骂男孩，男孩的自尊心必然会受到伤害，而且，父母在他心中的形象也会大打折扣，他可能会认为父母并不爱他，甚至会对父母产生敌对、仇恨的情绪。

方法三：因事制宜，变换一些教育方法

当男孩犯错时，如果你总是一成不变地说教或者打骂，他势必会产生倦怠的心理。因此，父母要想更好地教育男孩，完全可以因事制宜，变换一些教育方法。比如，当儿子做错某一件事时，你可以先简单把问题解决掉，然后在闲暇时通过讲故事、做游戏等形式，结合看到、听到的事对孩子阐明你的想法，告诉他做人做事的道理。要知道，在与父母处于对峙阶段时，很多男孩都不会主动承认错误，甚至拒绝承认错误，然而在事后，如果你耐心地教导，他大都能坦然、真诚地接受，而且日后往往不会再犯类似的错误。

生活中，父母首先应该尊重自己的儿子，让他生活在民主、自由、和谐的家庭环境中，勇敢地说出自己的想法，父母再有针对性地进行教育和引导。

专家教你男孩怎么养

父母如何用正确的引导与示范代替单纯的惩罚与打骂?

第一，父母要明确与孩子之间的关系并非从属关系，而是平等关系。

第二，在男孩犯错后，给男孩5分钟的时间进行自我辩护。

第三，平日里多与男孩相处，了解男孩的内心变化。

第四，不要总是把所有的道理一股脑儿说完，可以留一些在适当的时候再说，这样更有利于男孩消化与吸收。

培养男孩，父母要多商量、少命令

现实生活中，男孩的父母总能发现这样一个奇怪的现象：如果你告诉儿子“你应该做什么”，那么他不一定会照做；但如果你告诉他“你觉得这样做如何”时，他多半会乐意尝试。

由此，父母也不难看出这样一个问题：如果你想让男孩做一件事，最好的办法不是用命令的口吻说，而是用反问的口吻，把最终选择权留给男孩自己。一位教育家说过：“在教育孩子的过程中，应当将命令放在最后一位，只有你面对孩子毫无办法的时候，才能使用命令这种教育方式。”

生活中，父母与男孩之间的沟通应该建立在相互理解、尊重的基础之上，如果你想让男孩尽快懂事，那么，你首先要做到凡事都与他商量一下，这样不仅能够避免家庭中那些无谓的争吵，还能让男孩在日后的生活中学会如何与人相处。下面这个故事就是最好的说明：

李佳琪是个13岁的男孩，平日里他非常淘气，经常给父母惹出一些乱子，如踢坏邻居家的玻璃，在学校弄坏别人的笔……

一天早上，李佳琪告诉妈妈，说自己晚上要去好朋友孟伟家里做作业，晚点儿再回家。但是妈妈却担心这两个淘气的孩子在一起会不会又干出点儿什么让人担心的事来，引起孟伟家人的反感。

于是，李佳琪的妈妈决定在晚上的时候，主动给孟伟的父母打个电话，一来能够了解儿子的情况，知道他在干什么；二来如果儿子有不周到之处，也权当给人家道歉了。

正当李佳琪的妈妈准备拨号的时候，电话响了，接听后，竟然是孟伟的妈妈打来的电话，电话里孟伟的妈妈把李佳琪好好地夸赞了一番，说李佳琪是个好孩子，还帮助他们收拾屋子，这些话，让李佳琪的妈妈感到既欣喜又吃惊。

没一会儿，李佳琪回来了，妈妈把刚才孟伟妈妈说的话告诉了李佳琪，李佳琪有些不好意思地说："您和我说过，如果我以后对您提要求，就必须先让您高兴。那么我去孟伟家里玩儿，就必须先让孟伟的父母高兴，于是我每次去都会帮着他们收拾房间。"

上文故事中男孩的妈妈并没有告诉儿子到别人家后应该怎么做，但是儿子却从与妈妈日常的协商中学到了该如何做，如何处理人际关系，让对方喜欢自己。

给男孩父母的建议

商量这件事，对于男孩的父母来说，往往是说起来容易做起来难。要知道，商量不等于单纯的迁就，也不是一味地允诺男孩，而是与男孩之间建立平等的关系，并尊重彼此，从而对某件事情达成一致。此外，商量也是家庭中民主的真正体现。

那么，生活中，父母应该如何正确运用协商的教育方式来促进亲子关系的发展，从而让男孩更健康地成长呢？

方法一：把肯定句换成疑问句，用协商的口吻与男孩沟通

情景一

王林因为留在班里值日，所以晚回家了一小时。回家后，还没等他解释，就听到爸爸大声地说："干什么去了，这么晚回来，你这孩子怎么这么不听话，我告诉你哦，以后放学赶快给我滚回来，再有下次看我不打你！"

王林看着爸爸，什么话也没说，拿着书包就跑回自己的房间，把门重重地关上了。

情景二

陈杰是王林的同班同学，和王林一天值日，同样也晚了一小时回家。到家后，陈杰的妈妈用温和的语气边接过儿子的书包边说："怎么这么晚才回来，我和你爸爸都很担心你，还以为你去了奶奶家，刚刚差点儿就给你奶奶打电话了，以后不要这样了好吗？"

"对不起妈妈，我今天值日，早上走的时候忘记告诉你一声了，以后有什么事我提前告诉你和爸爸一声。"

其实，事例中的两位父母所表达的意思是一致的，但所产生的结果却存在很大的差异，那么，这是为什么呢？

这是因为沟通方式不同造成的。生活中，如果父母用命令的口吻和男孩沟通，很难让男孩心甘情愿地去改正自身的错误，也很难听到男孩真正的心声；如果父母用商量的口吻与男孩沟通，则常常会事半功倍，令孩子心服口服。所以，当你想让儿子做些什么事情的时候，不妨用商量代替命令。

方法二：通过商量，矫正男孩的不良行为

如果父母想要改掉男孩身上的坏习惯，那么，用强制性的方法甚至是责罚肯定是行不通的。此时，父母不妨试着与孩子达成某种协议，比如"约法三章""周末大扫除协议"等，以此来约束男孩的不良行为。

刘亮7岁了，每次和爸爸去超市的时候，他都会买一大堆东西，如果爸爸觉得没用不让他买，他就会站在原地哭着不走，最后，爸爸还是会妥协。

刘亮的爸爸也意识到这样下去肯定不行，于是，决定不再娇惯孩子，从那以后的两个月，爸爸再也没有带刘亮去过超市。一天，爸爸要出门，刘亮走了过来问爸爸是不是要去超市，他也想去，爸爸则说："是去超市，但是不带你去。"

这时，刘亮拉着爸爸的手央求爸爸带上自己，甚至开始流眼泪，但爸爸下了决心说："你哭也没有用，我已经决定不带你去了，除非你遵守和我的约定。"

刘亮听到爸爸的话，不哭了，马上问什么约定，于是爸爸又说："逛超市，你只能给自己买20元钱以内的东西，至于买什么你自己掂量，不准哭，否则从今往后我再也不带你去超市了！"

刘亮看了看爸爸，答应了。

在超市里，刘亮再没有看到什么就拿什么，而是拿起又放下，权衡好半天最后才选好自己想要的东西，然后和爸爸一起去结账。

出了超市，爸爸觉得今天刘亮真的很乖，于是就对刘亮说："你今天表现得真不错，以后继续保持，下次去超市我还带你去，不过你我之间的约定还是要继续执行，可以吧？"

刘亮高兴地点点头，表示同意。

这位爸爸的做法无疑是明智的，他通过巧妙的协商改变了儿子不听话的行为，而且让他心甘情愿地改正自己的错误。

方法三：用商量化解生活中的争执

家庭教育中，代沟大都是因为男孩与父母因为一些观点和想法不同而发生争执所引起的，每当这时，大部分父母为了维护自己的威信，常常会把一些自己的观点强加给男孩，以此来压制男孩。但事实上，男孩是绝对不会轻易妥协接受父母的意见的。因为男孩也很看重自己的尊严，不希望被压制，这种心理对 12 ~ 16 岁的男孩来说，尤为明显。

所以，聪明的父母大都会在这种情况下使用协商的手段与男孩进行沟通，让男孩感受到父母对他的尊重以及家庭生活中的平等与理解，只有这样，父母与男孩间的沟通才能顺利进行。

专家教你男孩怎么养

生活中，男孩不喜欢被安排、压制，渴望得到父母的尊重与信任，希望父母能够给予他足够的自我选择权，那么，父母如何引导男孩做出正确的选择呢？

第一，潜移默化地带领男孩辨别是非对错。

第二，用反问句或者疑问句代替肯定句，不要帮助男孩选择，而是把最终决定权留给男孩。

第三，凡事都和男孩商量一下，不要觉得没必要就忽略男孩的感受。

教育男孩的秘诀——理解、宽容和表扬

不少父母都感觉与儿子相处是一件很难的事情：男孩长大了会很叛逆、固执，不好教育，常常跟父母对着干。于是，生活中我们常常听到一些男孩父母的抱怨：

“我10岁的儿子一点儿也不听话，常常惹我生气。”

“我的话，儿子一点儿也听不进去，他就是故意和我对着干。”

“儿子有了心事宁愿和网上的陌生人倾诉，也不愿意和我谈一谈。”

“虽然我是儿子最亲密的人，但是我们之间却总有一些隔阂，这大概就是人们常常提起的‘代沟’吧。”

生活中，父母要想改善和儿子的关系，就要弄清楚儿子是怎么想的，比如通过与他交谈了解到，他喜欢什么样的父母，喜欢什么样的沟通方式等。

对此，男孩主要希望父母做到以下几方面：

给我足够的信任，不会动不动就怀疑我；

尊重我，真正地落实民主、平等；

理解我，不要只是嘴上说说，要了解我喜欢什么；

说的话要算数；

不要一回家就问我今天学了什么，而是多陪我玩儿，听我讲讲其他的事情；

允许我结交知心朋友，并且尊重我的朋友。

综上所述，父母肯定不难看出，男孩其实非常渴望得到父母的信任、理解与尊重，他希望父母把自己当作独立的个体来看待，并且给他一定的自由和空间。其实，只要父母在日常生活中稍加留心，对儿子多些关爱与理解，以上的要求还是很容易做到的。

给男孩父母的建议

生活中，男孩与女孩显著的区别在于，女孩非常在乎人与人之间的关系，尤

其是和父母的关系，所以她们往往非常乖巧、听话。而男孩非常在乎自己的面子，如果父母对他们表现出不信任、不尊重，他们会认为自己丢了面子，从而会去和父母顶嘴、对着干。所以，在和男孩相处的时候，父母一定要考虑到这一点，尽量维护他们的自尊心，这样，亲子关系自然会升温。

方法一：不要总是用怀疑的语气质问男孩

如果父母不信任自己的孩子，孩子自然也不会信任父母。虽然这些道理我们大家都懂，但是生活中真正做到的父母却不多：

情景一

13岁的儿子兴致勃勃地对爸爸说：“爸爸，周末我要和几个同学去野营。”爸爸皱起眉头说：“你们几个小孩子去荒郊野外多危险啊，不许去！”

情景二

一天，爸爸妈妈要外出办事，留下儿子一个人在家里做作业。妈妈怕儿子偷着上网看电视，便每隔一小时就给儿子打一个电话，问问他是不是在做作业，还骗孩子说自己马上就会到家，以提醒孩子不要欺骗自己。

情景三

周末，家明对爸爸说：“我今天要去找同学一起做作业。”爸爸不相信儿子去同学家学习，就追问道：“你是真的去做作业吗？不是去打篮球或者去玩电脑？”

通常情况下，父母对儿子的不信任源于以下两点：第一，出于对儿子的关爱，怕他无法独立应付一些事情。第二，给他太多的自由，使他光顾玩耍而影响了学习，甚至还会学坏。

对男孩来说，父母的不信任就是怀疑他的能力，甚至是在怀疑他的品行，这让他感到很不舒服，久而久之就会与父母产生隔阂。

所以，父母若想让儿子信任自己，把自己当作知心朋友，首先应给予孩子足够的信任。当男孩觉得父母非常信任他的时候，为了避免让父母失望，他反而会加强对自己的约束。

方法二：不要把自己的兴趣当作男孩的喜好

很多男孩的父母都遇到过这样的情况：有时候男孩犯了错误，但是他就是不认错，宁可接受父母的惩罚也不肯说“我错了”。为什么会出现这样的情况呢？这其实是男孩的自尊心在起作用，他宁可接受惩罚，也要维护自己的自尊心。

古冯13岁了，他总是觉得爸爸不尊重自己，因为几乎所有的事情，都是爸爸自己做主。

暑假报兴趣班，爸爸更是在没有询问古冯兴趣爱好的前提下，给他选择了钢琴；除此之外，爸爸每次出差都会给他带一些衣服，但是爸爸从来没有问过他喜欢什么款式，只是要求他穿上，这让他觉得爸爸根本就不了解自己，渐渐地，他也就不愿意和爸爸多接触了。

所以，在和男孩相处时，父母一定要尊重他，友好、平等地对待他，即使他犯了错误，父母也不应伤害他的自尊心。

专家教你男孩怎么养

父母如何做到理解、宽容和表扬，以此来提升亲子关系？

第一，换位法，多站在儿子的角度上思考问题。

第二，反问法，多用反问句的形式与儿子沟通，不要强制他按照自己的意愿生活。

第三，认同法，陪孩子一起做他喜欢的事情，让他感受到父母的理解与认同。

第三章

从来纨绔少伟男，男孩就该“穷”着养

男孩究竟应该怎么养?

让他无忧无虑、要什么有什么，还是限制他的物质享受，让他从小与挫折相伴?

答案很肯定，当然是让他从小与挫折相伴，穷养男孩。

穷养不是单纯意义上的打骂、责罚男孩，而是培养男孩坚韧的意志，避免他养成坐享其成、铺张浪费、与人攀比的坏习惯等。

在本章，将告诉你“穷养”的真谛……

男孩需要“穷”着养

生活中，无论家庭环境是好是坏，都不能娇惯男孩，让他经受一些挫折和锻炼，这样既能让他体会到父母生活的不易，又能让他变得有担当。的确，有钱难买少来贫，少年时期的“穷”有助于激发男孩奋发图强的斗志，使他能够在追求成功的道路上克服一切困难。

苏联教育家马卡连柯曾说：“一切都让着孩子，牺牲一切，甚至牺牲自己的幸福，这就是父母所能给予孩子的最可怕的礼物！”过分地宠溺或者满足男孩的一切要求，只能让他失去面对困难的勇气。

我们可以看看下面这个案例：

李建出生在一个很富有的家庭，从懂事起，他要什么父母就会给他买什么，不夸张地说，他从来没有考虑过如果没钱了怎么办，因为无论什么时候，只要他伸手要就会有钱。上学以后更是有专车接送，在外人看来，他就是个现实版的“大少爷”。

不过，就在李建16岁那年，他爸爸的公司破产了，李建再也不能车接车送去上学，也不能大手大脚地买这买那，相反，他还要经常去帮助爸爸打理破产后借钱开的一家小餐馆。一次，在看中一双耐克鞋没有钱买后，李建离家出走了……

给男孩父母的建议

父母要想让男孩成才，就必须穷养男孩，当然，我们这里所说的“穷”，并非要男孩吃糠咽菜，承受非人的折磨和痛苦，而是使男孩从童年时代起，就多一些锻炼，少一些娇惯，慢慢养成坚韧、顽强的性格。

概括说来，父母可以从以下几个方面来理解男孩“穷”养的含义：

方法一：给男孩自己克服困难的机会

一天，一位爸爸带着3岁的儿子去公园玩儿，儿子走着走着不小心摔倒了，有些人对爸爸说：“赶紧把孩子扶起来啊！”而男孩的爸爸却站在一旁，对儿子说：“儿子，我相信你自己肯定能站起来，因为爸爸知道你是个勇敢的男子汉。”男孩听着爸爸的话，似乎得到了鼓励，自己站了起来，虽然膝盖擦破了皮，但是他一滴眼泪也没掉。爸爸走到儿子的身边，摸着儿子的头说：“儿子，你真棒！”

儿子听着爸爸说自己勇敢，瞬间忘了疼痛，笑着点点头。

因为任何一个男孩的成长道路都不可能是一帆风顺的，父母不可能一直伴随男孩左右帮助他披荆斩棘，所以父母应该引导男孩自己去面对挫折、承担责任、克服困难。

一个男孩如果能从小就学会勇敢地面对挫折、战胜挫折，那么他长大后就会成为一个勇往直前的卓越之才。相反，如果男孩一直在温室中成长，甚至连一些小风小浪都没有经受过，那么他长大后则很难适应复杂多变的社会。

方法二：不要给男孩太多零花钱

13 岁的谢放是家里的独苗儿，家里人都宠着他，基本上他要什么就给他买什么，每个月不但父母给他很多零花钱，爷爷奶奶、姥姥姥爷还要给他一部分，不夸张地说，谢放的零花钱数额堪称班级里的“首富”。

一开始，谢放的父母都不觉得这样做有什么不好，但是渐渐地，他们发现谢放回家的时间越来越晚，后来竟然彻夜不归，爸爸开车去找谢放，在一家游戏厅里找到了他。通过询问后才知道，原来这段日子谢放每天放学都来，有时还会请同学一起来，爸爸看着不争气的儿子，不知道说什么好，怪就怪自己当初不该那么惯着他。

相反，谢放的同班同学小海却与他有着截然不同的经历：

小海的父母都是国企职员，生活也算富裕，但是小海的父母从小就很注重培养他对金钱的意识，让他意识到钱来之不易，不能铺张浪费，久而久之，耳濡目染的小海也渐渐明白了父母的苦心，从来不乱花钱，很多时候，父母给他的零花钱，他基本上都不花，然后将它们存起来，或者捐给贫困地区的小朋友。因为了解父母赚钱的辛苦，小海在家里的时候，还经常帮着父母做家务，此外，小海的学习成绩也非常好，总是排在班里的前 5 名……

有句话叫作“自古寒门出贵子”，让男孩现在“穷”一些，他就会懂得赚钱的不易，懂得要想生活得好，必须努力学习和工作等。因此，建议各位父母不要给男孩太优越的物质条件，让他从小养成艰苦朴素的优良作风。

专家教你男孩怎么养

穷养男孩对男孩的健康成长起着非常重要的作用，那么，父母应该如何落实“穷养”二字呢？

第一，让男孩过点儿苦日子。

第二，让男孩体验挫败感。

第三，让男孩学会独立地生活。

别给男孩太多的物质享受

随着社会经济的不断发展，人们的生活水平不断提高，最明显的就是孩子的生活越来越好了，然而父母却忽视了关键一点，丰富的物质享受容易让男孩沉溺其中，养成贪慕虚荣、攀比、铺张浪费、坐享其成的坏习惯。

古人云：“自古英雄多磨难，从来纨绔少伟男。”如果父母希望男孩长大成人后能够有所作为，做一个顶天立地的男子汉，那么，从现在起，就应该少给男孩一些物质上的享受，多让他经历一些挫折，只有这样，他才能成长为一个有爱心、有责任感、有事业心的男子汉。

李先生的儿子小强9岁了，因为家庭条件不错，所以小强自幼就过着舒适的生活，父母基本上没让他干过活儿，他想要什么也都会满足他。

一次，李先生难得回家做饭，想一家人一起吃顿饭，但刚炒上菜就发现没有酱油了，于是就告诉儿子去超市买一瓶，没想到儿子不但不去，还说爸爸很烦。李先生当时很生气，又一次让儿子去买酱油，没想到儿子竟然找来一个小男孩，丢给他50元钱后，对爸爸说：“让他去就好了，我出钱行了吧！”听了儿子的话，李先生一下子愣住了。

晚上，李先生一直都在反思，是否自己的教育出了问题，儿子怎么会变成这样呢？

上面故事中的男孩就被父母给惯坏了，他缺乏孝心、责任心，而且养成了浪费、坐享其成的坏习惯，相信这是所有男孩父母都不希望看到的现象。

那么，父母应该怎样杜绝此类事情发生呢？

给男孩父母的建议

父母如果想把儿子培养成才，不妨适时地让他吃点儿苦头，少给他一些物质上的享受，具体做法如下：

方法一：杜绝男孩乱花钱的习惯

父母有时太过溺爱自己的孩子，尤其是在孩子之间的攀比热潮中，父母几乎起着推波助澜的作用。孩子想要名牌自行车，父母就省吃俭用给孩子买，还口口声声说为了孩子好，这样孩子能更安心地学习；说什么苦了谁也不能苦了孩子，但事实上呢？不仅苦了父母自己，也“害”了孩子。

一位妈妈在反思自己的教育时，这样说：

我真的不知道现在该怎么办了。以前总觉得儿子小，要什么就给什么，从来不限制，结果呢，现在我儿子已经上初中了，养成了好吃懒做的习惯，不但成绩不好，而且沉迷于网游，平时买东西只去高档的商场……现在我才知道，如果在他小的时候，我不那么惯着他，他现在也不会成这个样子。

可见，杜绝孩子乱花钱的习惯，引导孩子正确使用金钱，是父母义不容辞的责任。父母在男孩花钱的问题上，一定要坚持原则，让男孩树立正确的消费观。不要抱着为孩子好，明明家里只有三千元还非要节衣缩食地给儿子花五千元，要知道，你这样做其实对孩子一点儿好处都没有。

此外，父母还要认识这样一点，对孩子花钱上的节制，并不等于苛刻，不是明明该给孩子买的东西也不买，而是应该酌情处理，正确地引导孩子有计划的开支，合理花钱，让男孩从小懂得生活的艰辛和自食其力的重要性。

方法二：杜绝男孩养成坐享其成的习惯

生活中，有的男孩享受着特殊的待遇，如吃独食，把好吃的东西都放在自己面前，不给别人吃；只想让别人为自己服务，不想服务于他人等。久而久之，男孩就会养成自私自利的习惯，认为坐享其成是理所当然的事情。

因此，在家庭教育中，父母千万不能事事都以孩子为中心，不能给孩子搞特殊，为孩子铺张浪费，而是适当地教男孩一些理财知识，让他明白每一分钱都来之不易，并且学会积极地为生活打拼。

专家教你男孩怎么养

生活中，父母通过哪些方法杜绝男孩形成虚荣、浪费等坏习惯？

第一，从零花钱入手，限制男孩的零花钱，杜绝男孩乱花钱的习惯。

第二，培养男孩勤俭节约的习惯，可以多带他了解一些有关贫困地区的情况，让他感受到浪费是可耻的。

第三，让男孩动起来，主动给他分配一些力所能及的家务，切忌养成男孩坐享其成的坏习惯。

穷养不等于打骂和惩罚

对于男孩穷养的问题，不同的父母有着不同的认识，有的父母认为穷养就是多让孩子吃苦，有的父母则认为穷养就是要舍得打骂孩子，遗憾的是，很多父母并不理解“穷养”的真正含义，只是单纯地凑个热闹，常常过于重视外在形式，使“穷养”教育陷入误区。那么，什么才是真正的“穷养”呢？

给男孩父母的建议

这里，为大家介绍几种方法，希望可以避免父母陷入教育误区。

方法一：不要把训斥、责罚当作穷养

李先生的儿子8岁了，正是调皮捣蛋的年龄。每当儿子调皮的时候，李先生不是责骂儿子一顿就是对儿子大打出手，当儿子的妈妈和奶奶过来拦着的时候，李先生却说："你们懂什么，这叫'穷养'男孩，再说了，教育男孩就得打，你们看看，这么打都不听话，这都是让你们惯坏的！"

如果父母无论遇到什么事都对儿子大打出手，根本无益于教育男孩，只能让他与父母之间的关系更加恶化。

事实上，穷养男孩并不是让他受皮肉之苦，而是让他经历一定的苦难，学会正视挫折与失败，从而能够在今后的成长道路上不被困难压倒。

作为男孩的父母，你必须知道，男孩总会犯一些这样或那样的错误，而也正是这些错误促使男孩不断地成长，让他在认识错误与改正错误的过程中吸取教训，学会如何克服困难。所以，教育容易犯错的小男孩，父母一定要多一些耐心，尽量采用谈话的方式引导他认识到自己的错误，进而取得更大的进步。

方法二：穷养也要以尊重男孩为前提

小剑 11 岁了，他从小喜欢踢足球，再加上小剑的爸爸是典型的球迷，所以，在小剑 5 岁的时候，他的爸爸就把他送到了少年宫学习踢足球，现在的小剑已经是少年宫足球队的主力队员了。

一次，小剑被选中参加市里的少年足球比赛，爸爸怕小剑抗压能力差，眼看着比赛还有两个月就开始了，小剑的爸爸决定制造一些"麻烦"来锻炼小剑的耐心和抗压能力。

一天早上，爸爸依旧和往常一样陪同儿子到球场练习，爸爸守门，小剑负责射门，小剑把球射进球门后，爸爸什么也不说；而当小剑没射进，爸爸则会说小剑臭脚、怎么练的……严重打击小剑的自信心和自尊心，在爸爸又说了一遍"这球真臭"后，小剑丢下一句"不练了"，转身就走了。

事后，小剑的爸爸开始思考，他并没有真的想要挖苦儿子，他认为，要想成为一名真正的足球运动员，就得有耐心、忍耐力和抗压力，只不过，小剑的爸爸没想到不但孩子的抗压力没培养成，反而伤了孩子的自尊心。

很多父母都经历过像小剑爸爸这样弄巧成拙的事情，他们常常按照自己的想法去磨炼男孩，却在不经意间伤害了男孩的自尊心，最后不但没能达到培养男孩的预期效果，反而挫伤了男孩的积极性，疏远了与男孩之间的关系。

穷养教育应该是一种教育理念，其真正的目的是教会男孩勇敢地面对生活，机智地应对生活中的困难，而非单纯地批评与打击，甚至是与男孩对着干。

所以，父母对男孩进行穷养教育前，首先应明确穷养教育的理念，不要把想当然的方法强加在男孩身上，要知道，给男孩多点儿选择的权利，让他去做自己喜欢做的事情，激发他的能力，让他真正学会正视挫折、坦然面对生活中的失败，这才是穷养男孩的主要内容。

专家教你男孩怎么养

生活中，父母如何在不打骂、惩罚男孩的前提下实现穷养男孩？

第一，明确何谓“穷养”，穷养不等于打骂、责罚和让孩子吃尽苦头。

第二，穷养的目的是要磨炼孩子的意志，而不是挫伤孩子的自尊心。

第三，穷养要适可而止，不能超出孩子的承受范围。

第四，穷养要建立在尊重孩子的基础上。

磨炼可以让男孩更好地适应社会

如今，大部分男孩都是父母眼中的宝，一个个都当“小皇帝”般供着，父母打点着男孩生活中的一切。就这样，男孩在心安理得享受着父母给自己的一切的同时，也在一点点丧失着与人沟通的能力和适应社会的能力，逐渐成为一个没有主见、缺乏责任心的人。

给男孩父母的建议

那么，父母应该怎么使男孩成为一个社会适应能力强的人呢？答案很简单，就两个字——磨炼。父母的任务，就是协助男孩克服生活中的困难，让他学会自己面对问题。

方法一：给男孩提供可以锻炼自己的机会

生活中，大部分男孩都吃不了苦，一遇到困难就往父母身后躲，这样的男孩长大之后很难在社会上立足，也很难承担起应负的社会责任。因此，父母从现在起，就应不断地给男孩制造一切可以锻炼他的机会。

小斯蒂夫8岁了，像很多美国的小男孩一样，他决定在暑假外出打工。他的父母非常支持他这么做，还说如果小斯蒂夫成功地完成了自己的求职计划，他们会在暑假结束前奖励他50美元。

小斯蒂夫非常高兴，很快，他就找到了第一份工作——帮助邻居家修剪草坪，小斯蒂夫做得很认真，一天下来，他得到了8美元。随后的一个月，他帮助很多家修剪了草坪，也在面包店里帮忙给蛋糕盒子粘蝴蝶结，粘一个蝴蝶结可以得到5美分，那天小斯蒂夫一共粘了200个蝴蝶结，赚了10美元……就这样，一个月下来，小斯蒂夫一共赚了400美元，而他的父母也按照约定奖励了他50美元。

随后，小斯蒂夫用自己的400多美元给爸爸妈妈和姐姐每人买了一份礼物，当然也给自己买了一个他一直想要的滑板，买完这些之后，他还剩下一些钱，他打算把这些钱存起来……

多么可爱的孩子啊，而他的父母又是那么的明智，他们懂得放手让孩子自己去锻炼的重要性。

所以，聪明的父母如果想将男孩培养成男子汉，就必须找机会让他去历练自己，并在自我历练中不断成长。

方法二：提高男孩为人处世的能力

父母应该让男孩在成长中逐渐懂得人与人之间相互依存的关系，学会自己处理人际交往中出现的问题。那么，父母应该如何教育、引导男孩，增强其为人处世的能力呢？

父母应该教育男孩学会关爱身边的人；还要鼓励男孩多参加一些集体活动，多交朋友；培养男孩与人相处的能力。例如，多带孩子去参加一些公益活动，增进孩子与老年人、社会公益工作者之间的联系，从小培养孩子仁爱的精神。

专家教你男孩怎么养

父母如何帮助男孩认识社会，提高他的社会适应能力？

第一，社交法。多带男孩出席一些聚会等活动，并积极地鼓励他主动和他人沟通。

第二，同化法。让男孩和那些社会适应能力很强的男孩一起玩耍，男孩的好胜心都很强，渐渐地，他也会要求自己有所改变。不过使用此方法时，父母一定要多点儿耐心和细心，当发现男孩有改变自己的打算后，要正确地引导他提高自己的社会适应能力。

让男孩远离“蛋壳心理”

生活中，如果一个男孩没有任何承受能力，稍微受到一点点的打击，不是逃避就是寻求家人的帮助，那么，这样的男孩长大之后，往往很难成为顶天立地的男子汉，而是多半缺乏责任感，一遇到困难就选择逃避或者放弃。

事实上，这样的男孩就像蛋壳里的小鸡一样，在未孵化前，他可以安全地躲在蛋壳里面，享用着里面的营养物质，但小鸡总有一天要被孵化，这个时候要怎么办呢？所以，生活中，如果父母真的爱儿子，那么就一定要让他远离这种蛋壳心理，从小多给他一些历练和挫折，不断地培养他的承受能力。

小强上初三了，马上就要中考的他最近却有些萎靡不振。虽然他成绩一向很好，但这次他却一点儿把握都没有，奶奶做好的饭菜，他不是只吃几口，就说没胃口，干脆不吃。

为此，奶奶很着急，去超市给小强买了很多他爱吃的东西，爸爸妈妈也考虑到儿子中考压力大，也都在小强身边忙前忙后。

小强的妈妈在35岁的时候才有了小强，他一出生就成了全家人的宝，所有人都围着小强转，满足着小强的一切要求，不夸张地说，小强长到现在真是一点儿挫折也没受过，要什么有什么。

由于过于紧张，小强中考没考好，这对他的打击是很大的，一直都活在家人呵护中的小强，似乎没有办法接受，他一回家就不断地说“为什么”“为什么”，爸爸妈妈问他话他也不回答，爷爷奶奶说话，他也似乎听不见；接着，小强又哭又闹，任凭家人怎么劝都不管用。

小强的爸爸咨询了心理咨询师，这才恍然大悟，原来由于他们平日太溺爱小强，这份溺爱使得小强丧失了适应社会、克服困难、克服压力的能力，才导致了这样的结果。

上文中的小强从小被家人娇惯，每天生活在家人的安排、呵护中，根本就不知道何谓挫折，如何解压，再加上平时成绩不错，突然间考试不如意了，心理上便产生了巨大落差，他一时间无法接受这样的事实，最后导致心态失衡。

给男孩父母的建议

一般来讲，具有蛋壳心理的男孩，大都比较缺乏自信，不善于表达自己，总是怕自己出丑，担心别人看不起自己。在与人交往的时候，也很容易偏激、敏感，甚至产生敌意等。

下面，就为父母简单介绍几种行之有效的教育方法：

方法一：帮助男孩重新认识自己

首先，具有蛋壳心理的男孩，往往很难正确地认识自己，父母应该主动引导男孩重新认识自己，不要让蛋壳心理成为男孩成长路上的障碍。

其次，父母一定要从现在做起，积极地培养男孩坚强的意志，为男孩今后的人生奠定坚实的基础。

此外，父母还应经常鼓励男孩自己去尝试，并在他成功后给予他鼓励，久而久之，他就会对自己更有自信。

方法二：让男孩适当做些力所能及的家务

范文家的马桶坏了，爸爸拿出了工具修理。范文也站在旁边帮忙，一会儿帮爸爸递工具，一会儿又帮爸爸擦汗。水阀修好了，马桶的问题解决了，范文和爸爸高兴地笑了。在范文家做客的小姨很不乐意地对范文妈妈说：“这活儿也让你们家宝贝儿子干啊，人家可是弹钢琴的手啊。”范文妈妈笑着说：“让孩子多参与家务，对他有好处。”

让男孩做家务并非真正的目的，目的是历练男孩，让他体会到生活的艰辛。比如让他浇花、扫地、拖地等，是想让他知道，若想生活得幸福，一定要有所付出。

方法三：鼓励是父母送给男孩最好的礼物

很多男孩做起事情来常常虎头蛇尾，没有常性，这时，父母应该不断地鼓励孩子，为孩子加油，让他自始至终做好每一件事情。

当男孩在生活或学习中遇到困难或挫折的时候，父母在和男孩一起分析受到挫折的原因后，父母应该主动鼓励孩子。如孩子的成绩不好，父母可以说：“没关系，虽然你成绩不是很好，但还是有进步，只要下次再努力一点儿，你一定能行的。”久而久之，一定能增加孩子克服挫折的信心。

专家教你男孩怎么养

生活中，父母如何历练男孩？

第一，及时地疏导男孩受挫时的不良情绪，帮助男孩一起建立自信心，引导男孩自己战胜挫折。

第二，除了不要给男孩太多宠爱之外，父母应该在男孩面前以身作则，多表现出乐观、豁达、积极的一面，为孩子树立榜样。

教男孩学会正确面对挫折

任何人的一生，都不可能是一帆风顺的，总要经历坎坷与不顺，换言之，一个没有经历过挫折与坎坷的人，是很难成就大事的。

可是，很多男孩几乎没有独自一人面对过挫折，这样的男孩长大之后，大都缺乏承受挫折的能力和忍耐力，一旦遭遇挫折就很容易被击垮，这个时候，父母应该教育男孩正确面对挫折，最终战胜挫折。

给男孩父母的建议

父母都希望儿子能够成为一个敢于面对挫折、克服挫折的男孩。那么，父母应该如何正确地引导男孩正视挫折、克服挫折呢？

方法一：鼓励男孩正视生活中的挫折与失败

失败和挫折是每个人都必须经历的过程，也是人奋发向上的起点，尤其是对于男孩来讲，挫折与失败更是一种挑战与考验，是男孩走向成熟、获得成功的必经之路。

因此，当男孩遇到挫折时，你首先应与他一起分析受到挫折的原因，然后鼓励他正视这些挫折与失败，告诉他“只差一点点，你就能做好，下次一定行的”之类的话，鼓励他克服挫折，并吸取受挫的经验。

但是，很多父母还没有意识到挫折教育的重要性，也不懂得如何历练男孩。因此，父母不是心疼男孩干脆替他应对挫折，就是单纯地丢给男孩一些挫折，却忘记引导男孩如何正视挫折、应对挫折，没能让男孩树立起战胜挫折的勇气。正确的做法是，如果男孩还没有办法克服困难，那么，父母应给予他一些鼓励和安慰，并适当地给他提供一些帮助。

方法二：让男孩看到你勇于克服挫折的一面

父母是孩子的一面镜子，是孩子成长路上的引路人。你如何对待人生道路上的挫折，对孩子的影响很大。

小杉的爸爸是一家公司的主管，爸爸是一个非常温和的人，脸上总是带着微笑，小杉很少看见爸爸愁眉苦脸的样子。一次，小杉爸爸的公司出了些问题，最糟糕的是小杉爸爸辛苦做的策划案因为公司内部的变动被搁浅，小杉爸爸非常难过，但是随后他就调整了心情，准备重新做一份策划案。

那天晚上，小杉的妈妈得知了事情后，就对小杉说：“小杉，今天爸爸的工作出了些问题，他心里很难过，一会儿爸爸回来，你要主动给他倒水，安慰他知道吗？”小杉点点头。

爸爸回来了，小杉给爸爸倒了杯水，然后就坐在一旁看着爸爸，爸爸问他：

“为什么一直盯着我看呢？”

“妈妈说你工作出了些问题，会很难过，可是我一点儿都看不出来，是不是妈妈骗人呢？”

“呵呵，孩子，你妈妈没骗你，爸爸在工作上的确出现了一些小问题，不怎么好解决。不过，即便如此，我也没有理由愁眉苦脸，儿子，你看爸爸有你，有妈妈，生活多幸福啊，又有什么挫折是我克服不了的呢？所以，我为什么要生气，要难过呢？”

小杉听着爸爸的话，重重地点点头，此后，小杉在爸爸的影响下，也学会了正视挫折，平淡地看待挫折。

如果父母在挫折面前表现得积极乐观，把挫折看成人生的一个新契机，那么，孩子也会在父母的言传身教下，直面人生的各种挫折，以积极的心态去迎接各种挑战。

方法三：提高男孩受挫后的恢复能力

男孩遭遇挫折或失败之后，情绪肯定会有所波动，这个时候，父母切忌以怜悯的态度对待男孩，或是把男孩护得更紧，生怕他经受不住挫折。要知道，这些做法都是错误的，不利于男孩的健康成长。

正确的做法是让孩子明白每个人都要面对挫折与失败，然后再从挫折与失败中吸取经验，找出战胜挫折与失败的方法。不过，父母在让男孩正视挫折的同时，还应该增强男孩受挫后的恢复能力。

专家教你男孩怎么养

父母如何帮助男孩正视挫折、克服挫折?

第一，鼓励法，鼓励男孩自己去战胜挫折，这样可以大大提高他的自信心，当他再次遇到挫折时，他就能自己想办法去解决了。

第二，疏导法，及时地引导男孩走出受挫的不良情绪，并与男孩一起分析受挫的原因，吸取教训。

第三，不断提高男孩的抗挫能力和恢复能力，只有这样，男孩才能在未来的人生道路上立于不败之地。

第四章

品格塑造，让男孩从小堂堂正正做人

自信，是男孩取得成功的第一要诀；

乐观，是男孩面对逆境的有利武器；

坚强，为男孩取得成功提供助力；

……

任何一种好的品行、习惯，都可以成就男孩精彩的一生。

自信——永远都要明白自己的核心优势

哈佛大学著名的心理学教授罗森塔尔和他的助手做过这样一个试验：

他们来到美国一所普通的小学里，在学生中进行了一次“发展预测”。然后，他们以欣赏、赞美的口吻将有优异发展可能的学生名单交给了相关的班主任。几个月后，他们再次回到这所学校进行复试，奇迹出现了：名单上的学生成绩都有了显著进步，而且更为开朗、活泼，求知欲也更强，经常向老师提问题，敢于发表意见。

这个试验充分说明了自信心的奇妙之处。事实上，他们提供的名单纯粹是随机抽取的，但这个“美丽的谎言”增加了孩子的自信心，让他们知道自己就是最好的、最有能力的，才会去努力学习，去做好每一件事情。所以，作为父母，应该正确认识自信心的价值和重要性，在家庭教育实践中培养孩子的自信心。

随着孩子与外界接触的机会越来越多，孩子的自我意识变得强烈，尤其是男孩，非常在意别人对自己的看法。当他感觉到周围的人包括父母爱他并欣赏他时，他就会觉得自己是个大人了，做任何事情都会信心十足。但生活中，有的父母怕孩子骄傲，于是经常在别人面前数落自己的孩子，导致孩子丧失了自信心，失去了学习的兴趣。

小军的妈妈从小对他要求就特别严格，每门功课都要在95分以上，另外，还给他报了很多课外的辅导班。小军很聪明，自上学以来成绩在班里都是名列前茅。可是他的妈妈却总是不满意。一次奥数考试小军得了80分，是全班最高分，得到了老师的表扬。放学后，小军很兴奋地把这件事告诉了妈妈，可妈妈却板着脸说：“才得了80分还这么高兴，邻居李阿姨的女儿每次奥数都拿98分，你怎么每次都拿不到满分呢？”小军听了妈妈的话很难过，他觉得自己是个没用的人。以后他的成绩开始下滑，而妈妈打击他的话也越来越多了。在这样的恶性循环下，小军的成绩也在直线下降。

培尔辛说过：“除了人格以外，人生最大的损失，莫过于失掉自信心了。”从上面我们也可以看出，如果一个孩子丧失了自信心，那么对他的发展是不利的。

给男孩父母的建议

自信是孩子成长过程中的精神核心，是促使孩子面对困难、努力完成自己目标的动力。同时，自信也是男孩取得成功的第一要诀。现在许多成绩不理想、性格孤僻的孩子往往缺乏自信，那么怎样才能使他们拥有自信呢？

方法一：培养男孩健康的心态

刘勇小时候有点儿口吃，因此他很自卑，也很胆怯，甚至不敢在陌生人面前说话。

因为口吃，他很少和同学交流，也没什么朋友。时间长了，他的口吃越来越严重了。后来，他的爸爸发现了事情的严重性，就常常鼓励他：“儿子，虽然你有点儿口吃，可是你不觉得你的嗓音和感染力都非常好吗……”就这样，刘勇在爸爸的鼓励下又重新找回了自信。以后每次遇到困难的时候，他都对自己说“我能行，我很有天分”。最终，通过数年的勤学苦练，他终于克服了口吃，并出人意料地考入了传媒大学，实现了他当主持人的梦想。

父母是塑造孩子人格的人，如果父母能以阳光、乐观的心态去鼓励孩子，让他看到自己身上闪光的地方，那么，即使这个孩子的天分并不算好，也会有成功的一天。

方法二：恰当地表扬男孩

赞扬和鼓励是一种无形的力量，它能增加男孩的自信，让男孩有勇气克服一切困难。父母要善于发现男孩的进步，并向男孩表达自己的赏识和欣慰。有时候，父母对男孩的信心，会转化为男孩内心的自我激励意识，不断地督促他前进。

美国成功学的创始人拿破仑·希尔博士，在他小的时候所有人都认为他是一个坏孩子，无论发生了什么破坏性的事情，大家都理所当然地认为是拿破仑·希尔干的。长此以往，拿破仑·希尔也就破罐子破摔了。他的妈妈过世后，他的继母走进了他的家庭。当爸爸介绍拿破仑·希尔时说：“这就是拿破仑·希尔，是希尔兄弟中最坏的一个。”此时，他的继母却亲切友善地说：“不，你错了，他完全不是坏孩子，恰恰相反，他是这些孩子中最聪明伶俐的一个，而我们所要做的一切，无非是要把他所有的内在潜力都发挥出来。”这句话让拿破仑·希尔牢牢地记在了心中。此后，在继母的赞赏和鼓励下，拿破仑·希尔开始改正自己的缺点，并发奋学习，最终他成为一个全新的拿破仑·希尔——美国成功学的创始人。

当男孩受到周围人的赞赏时，他就会觉得自己真行，真的有能力，往往会有超常的发挥。有一位哲学家曾经这样表述自信的力量，他说：“当你有了天才的感觉，你就会成为天才。当你有了英雄的感觉，你就会成为英雄。”

专家教你男孩怎么养

为了不伤害男孩的自信心，父母应该注意些什么？

第一，父母不要在孩子面前拿他和亲友、邻居的孩子做比较，这只会引起他的反感，甚至让他变得自卑。

第二，不要吝啬赞美孩子，哪怕他只取得了一点点进步。

第三，不要因一时气愤而丧失理智，口不择言地训斥孩子。

乐观——培养男孩积极的生活态度

乐观是一种积极的生活态度，如果男孩能够一直用乐观的态度对待生活，那么他的未来就会充满阳光。

每对父母都希望男孩能够拥有乐观开朗的个性。然而，现实生活中，很多男孩却用悲观的眼光看待这个世界：一次考试没考好，就认为从此之后都不会考好；让他分析问题，他最先看到不好的一面……

事实证明，情绪对男孩的健康成长非常重要。乐观的人内心总是充满光明和希望，所以他们总能保持心情愉悦，在人生中也能获得更多的幸福和快乐；而悲观的人认为好事总是暂时的，坏事才是必然的，所以常常会感到悲观、失望、挫败，不仅在事业上很难取得成功，在人生中更难得到幸福和快乐。

陈庆 12 岁了，虽然年龄不大，却整天唉声叹气。上学的时候，他抱怨公交车来得太晚；放学的时候，他又抱怨老师布置的作业太多。前几天学校要进行期中考试，他本来复习得不错，但是当妈妈问他能不能考好时，他却叹了口气说："我也不知道！"妈妈决定带着他出去散散心，他又担心如果明天下雨怎么办，不下雨的话天太热怎么办……

据心理学家研究发现，悲观情绪的产生和孩子接触的环境以及教育方式有关：如果父母是一个乐观的人，那么孩子也会看到生活中积极、阳光的一面；如果父母常常用悲观的态度对待生活，那么孩子也会"传染"上悲观的情绪。

给男孩父母的建议

对于男孩来说，乐观是他们获得成功的催化剂。乐观的男孩心中充满希望和阳光，即使在遭遇挫折和坎坷的时候，他们也会坚信这种现状很快就会改变，并且勇往直前地去和挫折做斗争，直到把挫折打败。

方法一：以身作则，做男孩快乐的榜样

陈路的爸爸是一家大公司的销售主管，每天都有忙不完的工作，有时候因为工作不力还会受到老板的批评。每次下班回家，他都会向妻子抱怨说："每天都有忙不完的工作，真是太累了。"有时候还会说："今天又被老板批评了，明明就是我手下的人不争气，怎么总是怪到我的头上呢？"

由于受到爸爸的影响，陈路也学会了唉声叹气，每次写作业的时候都会说："每天这么多的作业，我都快累死了，活着真累啊！"

父母的情绪很容易"传染"给孩子，很多时候，日常生活中一句随口而出的话就能对孩子产生深刻的影响。

男孩的个性以及对待生活的态度，就是这样在父母的影响下一点一滴培养起来的。如果父母用悲观的态度对待生活，久而久之，男孩自然看不到生活中光明的一面；如果父母总是能在困境中看到希望，凡事都乐观应对，那么再大的困难在男孩看来都是微不足道的。

方法二：鼓励男孩多结交好朋友

细心的父母都会发现这样一个问题：越是那些孤僻、没有朋友、对任何事都缺乏兴趣的孩子越容易成为悲观的人。为什么会这样呢？其实道理很简单，试想一下，如果一个孩子只喜欢看电视，而那一天又恰恰没有他喜欢看的电视节目，他就会烦躁、闷闷不乐，从而出现一些消极的情绪。而如果一个孩子兴趣广泛，并且有很多朋友，他在没有自己喜欢看的电视节目的时候就可以看看书、听听歌，还可以和朋友打打球、玩玩游戏，这样，他就不会变得悲观。所以，我们应该培养男孩广泛的兴趣，并且鼓励他多交朋友。

方法三：告诉男孩不要为掉在地上的冰激凌哭泣

乐乐拿着一个冰激凌高兴地吃着，突然一不小心，冰激凌都掉在了地上。他看着地上的冰激凌，难过地哭了起来。这时，爸爸走过来，蹲在乐乐的身边说："儿子，冰激凌已经掉在地上了，你哭它也不可能回到你手上啊，还不如我们再去买一个，而且我敢说，那个肯定比这个好吃，你说呢？"乐乐点点头，擦干了脸上的眼泪。

爸爸又说："等你长大后，你就会知道了，生活有的时候就像掉在地上的冰激凌，你能做的绝不是看着它哭泣。"

如果父母这样教育男孩，那么男孩在任何事情上都能找到乐趣，成为一个积极乐观的人。

而当积极乐观成为男孩性格中的一部分时，再大的苦难、不幸、失败摆在他面前，他都能勇敢地去面对，并乐于"享受"这个过程。

专家教你男孩怎么养

生活中，父母如何让男孩养成乐观的生活态度？

第一，在儿子面前多微笑，父母的言行影响着男孩的言行，如果父母总是以乐观的生活态度出现在男孩的面前，那么，男孩自然也容易养成乐观的心态。

第二，教育男孩正确地对待生活中的得失。

第三，不要总是板着一张脸，严厉地对待男孩，相反，应该多让男孩看到你温柔的一面。

谦虚——令男孩不断进步的保证

有的男孩不仅好胜心强，而且非常爱表现自己，因此，当他们取得一点儿成绩后，就很容易产生骄傲自满的情绪。

有的男孩因为一次考了好成绩，便不再认真努力学习；有的男孩被选为班干部，就目中无人，甚至连自己的父母都看不起；还有的男孩，觉得自己有些特长，就四处炫耀，不但没有继续发展自己的特长，还把自己的特长当成哗众取宠的工具。

晨晨是一个非常有才华的男孩，才 12 岁就已经学会了三种乐器，因此，晨晨从小就立志要做一名音乐家。可是他没继续努力学习，脚踏实地地练习，而是成天想入非非，幻想着自己能够像电视里的明星那般闪耀，再加上身边的朋友和大人都夸耀他有才华，渐渐地，晨晨开始变得骄傲、自以为是。

晨晨开始讨厌学习，他认为书上的知识他已经都会了，同时他也不想再练习别人编出来的曲子，而是要自己创作。渐渐地，他连自己的音乐辅导老师也瞧不上了，从此，晨晨各方面的学习成绩一路下滑。

“谦受益，满招损”，骄傲自满是一种不良的情绪状态，如果父母不给予足够的重视，它可能会导致男孩不断退步。

骄傲自满的男孩常常在自己的周围建起一道无形的“墙”，与外界形成隔阂，这使他们的心胸变得狭窄，思想变得狭隘。

骄傲自满的男孩或许能够取得一点儿成绩，但往往没有远大的理想，常常满足于眼前的成就，并且看不起别人。

阿亮上六年级了。他的作文写得非常好，几乎每篇都被老师当作范文来读。老师也经常在班上说：“阿亮的作文简直比初中生写的还要好，你们要向他学习。”因为常常受到老师的表扬，这让阿亮非常得意，有时候同学向他请教如何写作文，他会非常不屑地说：“连作文都写不好，真是太笨了！”以前他非常爱看作文书，到后来他感觉作文书上的文章也不如自己写得好，就渐渐不看了。慢慢地，他的作文不再像以前那样有灵性了，也没有以前写得好了。

从上面这个事例中可以看出，骄傲自满会阻碍孩子的进步，是他前进道路上的“大敌”。所以，我们从小就要培养男孩谦虚的品质，让他成为一个谦虚的人。

给男孩父母的建议

当男孩露出骄傲的“苗头”时，父母一定要及时想办法让他意识到骄傲的害处，养成谦虚的美德。

方法一：帮助男孩正视自己

很多孩子产生骄傲自满的情绪是因为他们感觉自己在某方面强过别人，所以，父母应该让孩子全面地认识自己，让他既看到自己的优点，也看到自己的缺点。

此外，父母还要让孩子明白“天外有天，人外有人”，而不是让他局限在一个小团体里扬扬自得。当孩子能够正确衡量和看待自己的时候，他就不会产生骄傲自满的情绪了。

方法二：让男孩认识到骄傲的危害

杨晓帆的学习成绩非常好，最近一次考试，他考了全班第一名。这让杨晓帆非常得意，慢慢地就放松了学习。可是，期中考试他的成绩一下子倒退了十几名。爸爸对他说：“儿子，你知道这次你为什么没考好吗？是因为你骄傲了。以前你总是踏踏实实地学习，而最近你总是炫耀自己的成绩，以博得夸奖，所以，才导致了这个结果。”爸爸顿了顿接着说：“以后你一定要保持谦虚，这样才能不断地取得进步。”杨晓帆点了点头说：“爸爸，我以后一定要努力学习，再也不向大家炫耀了。”

所以，父母要让男孩充分认识到骄傲的危害，这样，他才不会让骄傲自满的情绪在心中滋生。

方法三：为男孩树立谦虚的榜样

有些父母由于自身条件比较优越，经常会在男孩面前对他人品头论足，说他人不如自己等。男孩听到这些话，也会模仿父母的做法，只看到自己的长处，嘲笑别人的短处。因此，父母如果想让男孩成为受欢迎的谦虚的人，首先应为他作出良好的表率。

专家教你男孩怎么养

父母如何正确引导男孩养成谦虚的品德？

第一，夸奖男孩要适度，即便他很优秀，也要进行客观评价。

第二，以身作则，让男孩看到父母谦虚的态度，从而潜移默化地影响男孩。

宽容——让男孩拥有广阔的胸襟

莎士比亚说：“宽容就像天上的细雨滋润着大地。它赐福于宽容的人，也赐福于被宽容的人。”宽容是一种仁爱的光芒、无上的福分，是对别人的释怀，也是对自己的善待。

生活中，父母都希望把男孩培养成一个心胸宽广、有担当的男子汉。因为孩子只有学会宽容别人，才能更好地善待自己，轻松地面对自己的人生。

所以，父母一定要做好正确的引导，使男孩具有健康的心态和广阔的胸襟，从而使他拥有快乐的人生。

给男孩父母的建议

孩子的宽容之心对于其人格的健康发展，以及以后良好人际关系的建立都有着非常重要的意义。富有宽容之心的孩子往往性情随和、心地善良、招人喜爱，而缺乏宽容之心的孩子往往性情乖戾，易走极端，不易与人亲近，因而朋友也较少，人际关系比较紧张。

那么，父母怎样教育男孩拥有一颗宽容之心呢？

方法一：教男孩学会换位思考

如果产生矛盾时，双方能够站在对方的立场思考问题，那么，就会减少很多不必要的矛盾，让人际交往更加顺利。

小龙是家里的独子，从小被爷爷奶奶宠着，养成了得理不饶人、自以为是的性格。一天，爸爸新给他买了一本漫画书，他一下课就翻出漫画书高兴地看起来。

不巧，同桌起身时不小心把水瓶碰翻，水洒到了漫画书上。小龙很生气，不但让同桌赔他的漫画书，还把这件事告诉了老师。结果，同桌被老师批评了一顿。

爸爸知道了这件事之后，虽然不高兴但是并没说什么。等到晚上吃饭的时候，小龙又像往常一样把饭撒在了地上，爸爸开始冲他大喊："你是怎么搞的，总是这么浪费粮食，弄得哪里都是，今天晚上不准吃饭了！"

小龙看到爸爸真的生气了，吓得哭着说："我不是故意的。"

这时，爸爸的脸色温和下来，走到他身边说："我们都有不小心犯错的时候，你现在应该明白，因为自己无心的错误而不被原谅的滋味了，是很委屈很不舒服的。就像你的同桌一样，我想他也不是故意要弄脏你的书，还被老师批评了，这样他也会很伤心的，你说是吗？"

这时小龙已经羞愧地低下了头。

有时，因为孩子还小，根本不明白自己的不宽容会给别人带来怎样的伤害，这时，父母要让孩子亲身感受一下，他才会懂得宽容的重要性。

方法二：理智对待男孩与朋友间的矛盾

上学以后，来自不同家庭、有着不同生活习惯的孩子在一起学习，一起游戏，难免会发生一些摩擦，这时，父母要让孩子学会宽容和理解。

例如，男孩与朋友之间为一个玩具发生冲突或是打架了，有的父母硬生生地拉走自己的孩子，不让他和朋友玩儿了；有的父母直接把对方手里的玩具夺过来或者哄着对方把玩具拿过来给自己的孩子；还有的父母看对方父母不在场就指责对方等，这些粗鲁的处理方式会助长孩子以自我为中心，任性自私、蛮不讲理、仗势欺人的心理。其实，父母最该做的是教会孩子自己解决矛盾，不要自以为是地替孩子解决问题，更不能偏袒自己的孩子。

首先，父母要保持冷静，千万不能不分青红皂白就说"谁欺负你了，找他算账去"等。然后，应心平气和地让男孩陈述冲突的过程，引导他如实地将事实经过讲清楚，这也是帮助孩子理清思路、明辨是非的教育过程。在孩子讲述的过程中，父母不要给予错误的引导、暗示，而是要鼓励孩子讲真话，做个诚实的孩子。这样，可以培养孩子化解矛盾的能力，让他看清自己的错误，才能避免此类冲突的再次发生。

专家教你男孩怎么养

父母如何培养男孩的宽容之心?

第一，父母要做男孩的榜样。在遇到矛盾或冲突时，父母要宽宏大量，理解对方，不计较得失。

第二，创造机会，让男孩多接触年龄相仿的孩子。在交往中学会宽容、体谅他人，养成良好的性格。

第三，父母可以让男孩了解心胸狭窄的害处，自觉培养自己的宽容之心。

孝顺——男孩必备的美德

孝敬父母是中华民族的传统美德，但是，有些父母却发现他们的儿子不懂得如何去孝顺父母。

情景一

儿子小洋每次吃饭前，都要等爸爸妈妈把所有的东西都收拾好才坐在桌前，而吃完饭后，他从来不帮着父母收拾碗筷……

情景二

奶奶平时对孙子非常宠爱，孙子要什么就给买什么，但是一次奶奶生病住院了，孙子只去看望了一次，奶奶让孙子留下来陪自己一会儿，孙子却不乐意……

为什么享有家人万千宠爱的男孩，却不懂得把这种爱回报给自己的家人呢?其实，这与父母的教育方式有很大的关系。

父母不妨想一想：

你是否要求过孩子为你分担家务？

你是否经常带着孩子去看望爷爷奶奶、姥姥姥爷，并要求他经常去？

很显然，不是孩子不想孝敬长辈，而是父母没有有意识地培养孩子的孝心，没有给孩子表达孝心的机会。

给男孩父母的建议

每对父母都希望男孩能孝顺、懂事，那么，父母该怎样引导他养成孝敬长辈的美德呢？

方法一：让男孩体会到父母的辛苦

小武的妈妈下班回来后就坐到沙发上，小武过来叫妈妈："妈妈，我想洗澡，你帮我把热水器电源插上吧。"

妈妈没有立即答应儿子的请求，而是说："妈妈肩部酸痛，小武能不能过来帮妈妈捏捏肩膀啊？"

小武答道："好的，妈妈。"小武过来帮妈妈捏起了肩膀，捏了几下，小武说："妈妈，你的肩膀好硬啊，妈妈工作一定很累吧！"

故事中的妈妈是智慧的，她让儿子体会到了自己的辛苦，让儿子懂得了爱。

生活中，父母在给予男孩爱的同时，要记得向男孩索取爱，并不断给男孩制造一些爱父母的机会，比如，周末的时候，鼓励男孩为你做一顿爱心早餐；让男孩帮你做一些家务……当然千万不要忘了在他完成之后，给予他相应的鼓励与表扬，以便提高他做事的积极性。

方法二：以身作则，做男孩的榜样

男孩善于模仿，他能很快地学习到自己亲人或者朋友身上的优点，所以，要想培养男孩的孝心，父母首先应做到孝敬长辈，为男孩树立榜样。

一位妈妈这样谈到自己的教子经验：

婆婆和我们住在一起，平时我和老公对她非常尊重。吃饭的时候，婆婆不上桌，我们不会开饭。遇到生活中的大事小事，我们会先询问一下婆婆的意见。这样，儿子在我们的影响下，也学会了孝顺奶奶。当奶奶想吃苹果时，儿子会选一个最好的苹果削给奶奶吃。

有一次，婆婆生病住院了。晚上儿子也不肯回家，想在医院里陪着奶奶。最后，我们没有拗过儿子，只好让他和我们一起留在了医院。夜里，儿子还会提醒我们“奶奶又难受了，叫护士姐姐过来看看吧”“该为奶奶换吊瓶了”……

专家教你男孩怎么养

父母如何教育男孩养成孝顺的品德？

第一，不要给男孩养成“唯我独尊”的坏习惯，生活中，有好的东西父母应先给长辈，让男孩潜移默化地受到影响。

第二，让男孩了解你的辛苦，以便他懂得如何关心和爱别人。

爱心——让男孩拥有兼济天下的情怀

仁爱是人类最光辉灿烂的品德，教子做人，首先要赋予他一颗仁爱之心。心理学家研究表明：善良和同情是孩子与生俱来的天性。

生活中，有的父母整日为孩子做这做那，有求必应，从不教育他做人不能只索取、不回报，所以让孩子变得任性、自私，只知享受，不知付出。

给男孩父母的建议

爱心是人的本性，是善良、仁慈的基础，对一个人的成长具有积极的作用。父母若想使男孩长大以后成为一个品德高尚、有责任感的人，必须从小培养他的爱心。

方法一：从小保护好男孩的爱心

有时候父母由于工作忙或其他原因，对孩子表现出来的爱心视而不见或进行指责，把孩子的爱心扼杀在萌芽之中。

情景一

有个小男孩为刚下班的妈妈倒了一杯水，妈妈却着急去厨房做饭，边推孩子边说：“去去去，谁用你倒水，快去写作业。”

情景二

有个男孩蹲在地上帮一只受伤的小狗包扎，男孩的爸爸却生气地说：“谁让你碰它了，流浪狗多脏啊！”

有人说过：“孩子的爱心是稚嫩的，你在乎它，它就会长大；你忽视它，它就会枯萎；你打击它，它就会死去。”那么，如果你想拥有一个富有爱心的男孩，那么就请你在生活中培养它、浇灌它吧。

方法二：为男孩做好表率

榜样的力量是无穷的，也是最有效的。要想使孩子富有爱心，父母必须从自身做起，从家里的点滴小事做起。比如，在家里，要孝敬长辈，陪长辈聊天等；经常带着孩子去拜访帮助过自己的人，让孩子从中体会到父母对亲人、朋友的关心和体贴之情；多关心孩子，当孩子遇到困难时，要及时地帮助他寻找解决的办法；在日常生活中，要经常关心家人；出差回来时，不要忘记给爱人和孩子带份礼物；平时要多说一些“你辛苦啦”“你先歇会儿吧”“别着急，我来帮你吧”等富有关心意味的话。

父母是孩子的镜子，孩子是父母的影子。只有富有爱心的父母，才能培养出富有爱心的孩子。父母在生活中关心孩子，培养孩子的爱心，爱心就会在孩子心底扎下根，并随着孩子的成长而不断发展。

专家教你男孩怎么养

爱父母是培养孩子爱心的源头和起点，那么怎样引导男孩爱父母？

第一，要让男孩了解父母为家庭付出的辛苦。

第二，要从小事入手，结合日常生活实际进行教育。比如，吃饭的时候，如果有好吃的，要教育男孩应先给长辈吃，再自己吃。

第三，让男孩知道父母为自己所做的一切。平时，父母可以在为男孩洗衣服、系鞋带的时候告诉他，父母也会累，但是能这样照顾他却是开心的。

诚信——男孩的第二张“身份证”

诚信是人的第二张“身份证”，如果一个人缺乏诚信，那么，他将很难在社会中立足。生活中，父母都希望男孩能够成为一个讲诚信的人，受到人们的欢迎和信任。

然而，有的男孩由于自幼受宠，大都比较自私，很少能够考虑到他人的感受，为了满足自己的愿望，有时很少讲诚信。

下面是一位妈妈的教子经验：

周末，我丈夫突然决定去钓鱼，儿子也想跟着去，就回屋里收拾自己的小渔具去了。出来的时候，我问他：“你不是说今天和小亮约好了一起去看电影吗？”

“对啊，但是昨天晚上我在网上看了那部电影的预告片，没意思，还是跟爸爸去钓鱼好玩儿！”

“那一会儿小亮来找你怎么办？”

“你就告诉他，我临时有事去我奶奶家了。”

“这样你是在说谎呀！”我惊讶地说道。

“没关系的，就这么一次，再说了，他又不知道我去哪里了，对吧，妈妈！”

“不行，儿子，我不能帮你这么做，如果你非要和爸爸去钓鱼的话，就必须和小亮说清楚，并求得他的原谅。因为这是做人最起码的诚信，你想，如果哪天小亮也这样对你，你会怎么想？”

“可是我真的很想和爸爸去！”

“儿子，要不这样吧，你和小亮说一下，我带你们一起去吧！但是你首先应向小亮道歉，因为是你违约了，明白吗？”这时我丈夫突然开口说话了。

给男孩父母的建议

诚实守信是每个男孩都应具备的素质，更是做人的基本准则，因此，父母应该重视培养男孩诚信的好品德。

方法一：以身作则，为男孩树立诚信的榜样

父母对孩子的影响很大，一言一行都会成为孩子模仿的对象。所以，在培养男孩诚信的美德之前，父母就要先学会以身作则，做一个讲诚信的人，并且及时履行对孩子的承诺。

一天，妈妈在做饭，恰巧家里的酱油没有了，就让洋洋出去买，但洋洋以看电视为由不去。繁忙中的妈妈为了让儿子听话，就说周六带他去动物园。洋洋这才高高兴兴地帮妈妈买回了酱油。

周六一大早，洋洋就穿戴整齐地等着和妈妈一起去动物园。可妈妈因为有重要的事情本不想带洋洋去的，洋洋当然很不乐意，妈妈也觉得自己的做法不对，于是先把自己的事情推到了第二天，带着洋洋去动物园玩儿了一整天。看着儿子玩儿得这么开心，妈妈觉得自己的决定是正确的。

由此可见，父母在答应孩子的要求之前一定要想好自己能否做到。一旦答应了孩子的事情，父母就要及时履行自己的承诺，绝不要让男孩在父母的不良影响下养成言而无信的坏习惯，而是让他从父母的身上学到如何做一个讲诚信的人。

方法二：尽量满足男孩的合理要求

很多男孩没有诚信，习惯性说谎，在一定程度上是被父母“逼”出来的。比如，父母在考试前对孩子说，如果考不到95分，就打断他的腿，孩子害怕父母真的打自己，无奈之下，就只好把75分改成了95分。再比如，孩子特别想和朋友们一起出去郊游，但是父母不同意，他就只能骗父母说学校组织春游。所以，为了避免孩子被逼无奈而说谎，应该尽量满足男孩的合理要求，给他一个相对宽松的环境，这样，他就不会为了逃避责罚或者买某个东西而说谎了。

专家教你男孩怎么养

父母如何引导男孩养成诚信的品德?

第一，榜样法，以身作则，让男孩看到父母的诚信行为。

第二，强化法，强化男孩对诚信精神的认识。

第三，理论法，对男孩进行正确的诚信教育，积极引导他改正说谎、违约的行为。

责任感——男孩一生最基本的品质

责任感不仅是一种高尚的情操，更是每个男人必备的素质。的确，如果一个男人没有责任意识，就无法肩负起应尽的社会责任，成家立业之后，也很难成为合格的丈夫、爸爸，这样的人，不仅很难被委以重任，而且也不会受到大家的欢迎。

对于男孩来说，责任心同样非常重要。一位妈妈曾经表示了自己的担忧:

我儿子上小学二年级了，由于全家人都比较娇惯他，他从小就很自私。随着儿子年龄的增长，我越来越发现，儿子的自私行为越来越严重。

那天，邻居家的小女孩来家里玩儿，忽然间我听到啪的一声，我走出来一看，原来是我很喜欢的那个玻璃相框碎了。还没等我开口，我儿子就说了：“是她想要看，我拿给她时她摔的，与我无关。”邻居的小女孩听着儿子的话，刚想说话，又被儿子打断：“都怪你，打碎了我妈妈的东西。”小女孩听后，委屈地哭了起来。

其实，我根本没有想责怪谁，那相框明明是儿子打碎的，也并非是儿子为女孩去拿，我在厨房听得很清楚，是儿子告诉小女孩：“那个相框是我妈妈最喜欢的一个，是爸爸从国外带回来的，我拿给你看吧！”结果，儿子一看相框打碎了，怕我责怪，就赶紧把所有的责任都推给那个无辜的小女孩，甚至把小女孩说哭了。

从那件事情起，我对儿子便非常担心。现在他是个孩子，不负责任尚有我们帮他承担，可他终有一天是要长大的，那个时候，如果他责任意识淡薄，又如何去积极地面对和解决问题呢？

这位妈妈的担心是有道理的。责任心的匮乏会让人们丧失对他的信任，事业和前途都会受到影响。现实生活中，很多男孩都缺乏责任意识，总喜欢为自己所做的事情找借口，当他们被批评的时候，还经常推卸责任，不愿承认自己的错误。

那么，究竟是什么原因导致男孩如此缺乏责任意识呢？这和父母日常的教育方式有很大的关系。

给男孩父母的建议

生活中，很多父母也都明白责任意识对男孩的重要性，但觉得男孩年龄还小，不想让他承担太多，觉得等他长大了，能力强了，自然而然地就能承担责任了。事实上，这种溺爱式的“树大自然直”的教育方式是非常错误的，那么，怎样才能培养起男孩的责任心呢？

方法一：引导男孩正确认识责任心的重要性

一位妈妈曾经谈到这样的教子经验：

12岁的儿子一个月前央求我给他买只兔子，我看他非常喜欢，而且答应我好好照顾小兔子，我就答应了。

第一周，儿子非常细心地照顾小兔子，给它打扫窝、喂食……但到了第三周，儿子就开始厌烦了，不但忘记给小兔子喂食，打扫窝后还会向我抱怨，小兔子太脏了，甚至有了想丢掉小兔子的念头。那天下午，儿子非常不耐烦地给小兔子喂完食之后，我叫住了儿子说：“你记得你要买小兔子前向我的承诺吗？”

儿子点点头说：“记得，但是它真的很烦人，我每天很累还要收拾它的窝。”

“在你买之前我就告诉过你啊，但既然你当初决定养小兔子，就要对它负责，这就像我和你爸爸照顾你一样，你有的时候也会调皮，但因为照顾你是我和你爸爸的责任，所以我们从来都没想过因为太累而放弃，现在你对你的小兔子也是这样的，你买了它，就要对它负责啊！”

儿子想了想，点了点头说：“妈妈，我懂了。”

男孩小的时候，逻辑思维能力不强，对责任没有什么具体的概念，这个时候，父母一定要引导他正确认识责任心的重要性，并且给他做出一个好榜样，通过言传身教的方式培养他的责任意识。

方法二：让男孩为自己的行为负责

培养男孩的责任意识，就要让他对自己的行为负责，男孩只有学会了为自己的行为负责，才能逐渐学会对家庭、对他人、对集体、对社会负责。

一位爸爸谈到了这样的教子经验：

周末，儿子去他同学家玩耍，回来的时候，带回了一本漫画书，那本漫画书起初就有点儿掉页，再加上儿子翻书的力度很大，没一会儿，好多书页都掉了下来。我在一旁看到后，就把儿子叫过来，给了他一些钱后对他说："你看，你把你同学的书都看坏了，去再买一本新的，明天好还给他。"

儿子马上穿好衣服去书店买了一本新书，可是一连两天我都发现儿子只是自己在那边看，并没有要还给同学的意思，于是我就问他："书都买了，你怎么没有拿给同学呢？"

"爸爸，他那本书我借来的时候就很破了，书页掉了，又不是我的责任，我干吗要把这本新书给他呢，我还没看够呢！"

我听明白了儿子的意思，他是不想把新书给同学。我对儿子说："虽然那本书已经快坏了，但是它毕竟是在你手上掉书页的，你想一下，如果你把同学的书弄坏了就算了，你的同学还愿意把东西借给你吗？"儿子想了一会儿，虽然仍有些不情愿，但还是拿着那本新书去同学家了。

当男孩做了损害别人利益的事后，引导他让他自己向人家道歉，赔偿损失，是为了从小培养他勇于承担责任的好品质。这样一来，他不但会取得别人的原谅，更重要的是他还能从中学到做人的道理。

专家教你男孩怎么养

父母如何提升男孩的责任感?

第一，让男孩意识到责任心的重要性。

第二，强化男孩在家庭生活中的责任。

第三，引导男孩勇于承担自己应负的责任。

第五章

积极引导，教会男孩应对挫折与机遇

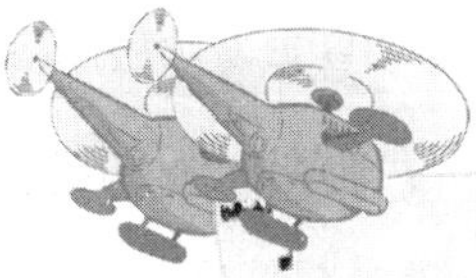

在教育男孩的过程中，父母最应该做的事情不是教，而是引导：

引导男孩克服困难，从哪里跌倒，在哪里爬起来；

引导男孩勇于创新，提高自己的创造力；

引导男孩正确抵抗外界不良诱惑，帮助他健康成长；

……

总之，只要学会正确地引导男孩，你的教育将事半功倍。具体的方法，请参考本章内容。

告诉男孩：跌倒了，要爬起来

人的一生中有起有落，有成功也有失败。

对于一个男人来说，经历的挫折越多，他的意志往往就会越坚强，因此，父母应该对男孩进行一定的挫折教育，使他的心智越来越成熟，抗挫能力越来越强。

下面是一位妈妈的教子经验：

儿子8岁了，从小我就对他进行挫折教育，磨炼他的意志。记得他5岁的时候，跟我去爬山，但是石阶有些高，很多大人怕孩子累着，都背着孩子上山，只有我，一直慢慢地跟在儿子身后，让他自己往上爬，虽然，我知道儿子很累，可每当他说爬不动的时候，我都会对他说："儿子，加油，妈妈相信你一定能行，你是个小男子汉，对不对？"就这样，5岁的儿子一个人爬上了山顶。

后来，随着儿子年龄的增长，我更有意要磨炼他的意志，比如，让他参加特训营等。现在他8岁了，比同龄的男孩都要坚强、懂事一些。

一次，我们举办聚会，无意间看到儿子对着一个摔倒的男孩说："不要哭，你要站起来！""可是很疼，我要妈妈！"那个摔倒的男孩带着哭腔说。

"你是自己走路不小心摔倒的，所以，你必须自己站起来，如果你现在站起来的话，我就带你去我的房间给你看我新买的玩具。"

摔倒的男孩听着我儿子的话，想了一下，就撑着地站了起来。

从这个故事中我们不难看出，这个男孩的心智比同龄人要成熟，且抗挫的能力也更强。如果你希望自己的孩子如故事中的小男孩一样坚强、勇敢、懂事，那么，一定要从小重视培养男孩坚强的意志和成熟的心智。

给男孩父母的建议

成功总是建立在一次次失败与挫折上的，任何人的成功都不例外。因此，父母在男孩小的时候，就要引导男孩学会坚强。

方法一：采用“3C 教育法”，帮助男孩走出困境

男孩小的时候，心理承受能力比较弱，在遭遇挫折后，很容易产生消极的心理，他们往往会垂头丧气，甚至采取逃避的方式。此时，父母应该及时对男孩进行心理疏导，积极地鼓励男孩战胜挫折，走出逆境。

何谓“3C 教育法”？所谓“3C”，就是指 Control(调整)、Challenge(挑战)和 Commitment(承诺)。

“调整”，顾名思义，就是要帮助男孩调整心理上、情绪上的负担，让男孩认识到“困难并不等于绝境”。例如，男孩在比赛中没有取得预期的成绩，父母可以说：“虽然你没有拿到预期的成绩，但是你能够从那么多的选手中脱颖而出，进入决赛，这已经很了不起了！”

“挑战”指的是给孩子一种心理挑战，让他在经历不愉快事情的时候，看到事情积极的一面。例如，依然是上面的例子，父母在调整完男孩的心态之后，可以这样说：“我相信只要你下次再接再厉，一定能够取得更好的成绩，现在我带你去吃好吃的，好不好？”

“承诺”指的是用承诺的方式帮助孩子看到生活更广泛的意义。依然是上面的例子，父母在与男孩一起吃饭的时候对他说：“孩子，你知道吗，虽然这次你没能拿回你承诺的名次，但是我一直都以你为荣，全家人都为你感到骄傲！”

通过“3C 教育法”，男孩往往会由失落、伤心变为激动、充满动力。事实上，父母鼓励男孩正视、克服挫折，走出逆境的关键，就是对男孩的努力行为做出正确的评价，让男孩对自己有一个正确的认识，并弄清楚行为与结果之间的联系。

方法二：父母偶尔也要学会“袖手旁观”

萧山 14 岁了，上初二，一次，学校举行一场英语测试，要挑选成绩最好的 20 名学生去美国进行交流学习。萧山报名参加了测试，因为他的英语成绩一直不错，所以他没有怎么复习，后来测试成绩出来后，他排在第 25 名，很显然，他错过了这次机会。

萧山为此感到很难过，于是就去求爸爸帮忙。因为他知道爸爸和学校校长是好朋友，只要爸爸说一声，自己肯定就能去了。但是萧山的爸爸却拒绝了儿子的

请求，他对萧山说：“你想去美国进行交流学习，就得按照学校的规定考入前20名才行，不然我也无能为力。”

萧山悻悻地走回房间，坐在椅子上，起初他很难过，但随后他开始思考自己考试失利的原因，意识到是自己太过骄傲，没有好好复习造成的，并下定决心今后要谦虚谨慎，不再犯类似的错误。

父母想让男孩成为真正的强者，就必须让他在失败后自己站起来。父母不妨在男孩失败后选择“袖手旁观”，让他经受抗挫能力的锻炼，多积累一些成功的经验。

专家教你男孩怎么养

当男孩遇到挫折或困难的时候，父母应该怎么做？

第一，不要男孩一遇到困难，父母就冲上去，否则男孩永远也学不会自己解决问题。

第二，适当地为男孩制造一些挫折，让他在挫折中得到成长与历练。

让男孩有主见：这件事情你来决定

现代社会中，人们都欣赏有主见的人。然而，有的男孩却缺乏主见：

王浩7岁了，上一年级的他没有什么主见，总是别人干什么他就干什么。在家里，爸爸妈妈让他做什么，他就做什么；在学校，老师和同学让他做什么，他就做什么；甚至他喜欢什么电影明星、运动员都要别人告诉他。

王浩如此没有主见，他以后将如何生活、如何在社会上立足呢？

给男孩父母的建议

父母若想让男孩有主见，就要在生活中引导男孩，告诉他——这件事情你来决定。这样，当他以后再遇到困难或面临选择时，才能保持清醒的头脑，不人云亦云。

方法一：为男孩创造做主的机会

下面是一位妈妈的教子经验：

我儿子6岁了，为了从小培养他做个有主见的人，我经常会在日常生活中给他提出一些选择性的问题，如："儿子，今天妈妈带你去买玩具，你可以自己去选择，但是不能够超过一百元，明白吗？"

到了玩具店，我看着儿子一会儿看看遥控汽车，一会儿看看变形金刚，一副拿不定主意的样子，过了一会儿，他甚至直接问我："妈妈，这两个玩具你帮我从中选一个买吧！"

我看了看儿子，然后对他说："儿子，买玩具是你自己的事情，所以，你要自己做决定。"

"妈妈，我觉得遥控汽车好一点儿吧，因为家里已经有一个变形金刚了……"就这样，从买东西这样的小事开始，儿子渐渐有了主见。每当我和儿子的意见出现差异的时候，他都会主动提出自己的观点，并且告诉我原因，很多时候，他都说得头头是道。

要想让男孩变得有主见，父母就应该为他提供一些自己做主、自己选择的机会，如：让他自己决定明天穿什么衣服去上学，自己决定晚上要吃什么……

父母千万不要给男孩制订太多规则，限制男孩的思想，不要告诉他这个游戏只能这样玩，这件衣服只能搭配这条裤子等，因为这些话对培养男孩的主见毫无益处。

方法二：让男孩参与到家庭讨论中来

小舟8岁了，虽然他的年龄不大，但家里有什么事情，他的爸爸妈妈都会找他商量，比如，小舟的爸爸决定重新粉刷客厅的墙壁，就找来小舟，并询问他的意见：

"小舟，你觉得我们家客厅墙的颜色选择哪一种好呢？"

"要不要在粉刷的过程中画一些图案呢？"

有时，小舟拿不定主意，犹犹豫豫说不出口，这个时候，他的爸爸就会鼓励他说出自己的建议："没关系，儿子，你怎么想的就怎么说，要知道很多伟大的创意都是这么想出来的，爸爸看好你哦！”

通过粉刷墙壁这件事，小舟感到了爸爸对他的重视，也因此备受鼓舞，渐渐地，小舟在任何场合都能勇敢地表达自己的想法了。现在，他不仅当了班干部，而且做起事来总是有条有理，是个很有主见的男孩。

不少父母在教育男孩的过程中往往太过武断、不尊重男孩的意见，导致男孩起初有意见说不出，到最后已完全不用思考了。因此，父母应该给男孩充分表达自己想法的机会，为男孩创造独立思考的条件。

方法三：允许男孩说“不”

8岁的赵凯从小在父母的宠爱下长大，每天早上，如果他的妈妈不给他搭配好衣服，他甚至不知道该穿什么上学；周末，他的小伙伴来家里玩儿，如果他的爸爸不告诉他能玩什么，他甚至都不知道自己要玩什么……赵凯俨然成了一个毫无主见、任人安排的“木偶”，他的爸爸妈妈为了改变这种现状，决定让赵凯变得有主见。

于是，每天早上，赵凯妈妈不再帮他搭配衣服了，而是要他自己选择；他爸爸也不再告诉他要玩什么游戏，而是让他自己和小伙伴商量着玩儿。

此外，赵凯父母还鼓励他敢于说“不”，告诉赵凯如果他对什么事情感到不满意，就要及时说出来，比如“我不喜欢吃香蕉，我喜欢吃西瓜”“我正在做作业，现在不能去”等。当然，如果赵凯说得不对，他的爸爸妈妈也会耐心地给他指出来，告诉他什么才是正确的。

由此可见，日常生活中，父母一定要让男孩大胆地说“不”，鼓励他拒绝自己不想做的事情以及他人不合理的要求。

专家教你男孩怎么养

父母如何让犹豫不决的男孩成为一个有主见的小男子汉？

第一，多留给男孩一些选择权。

第二，鼓励男孩拒绝他不想做的事情。

第三，多带男孩去不同的朋友家做客，鼓励他在陌生人面前说出自己的想法。

第四，在自己观点正确的前提下，鼓励男孩坚持己见。

鼓励男孩敢于创新

别出心裁、标新立异等基本上都与创新有关；如果你希望孩子能够具有创造力，那么就要在生活中多多鼓励他别出心裁、标新立异。

作为男孩的父母，在进行家庭教育的时候，要用一些规矩来规范孩子的行为，并在此基础上大胆地突破和超越，发挥自己的创造性，在更高的层面上建立新的规矩。

给男孩父母的建议

父母在教育孩子的时候，必须有科学的态度，既要让孩子遵守规矩，又要让孩子大胆地超越规矩；既要让孩子尊重权威，又要让孩子从小立志超越权威；既要让孩子学习并尊重别人的经验，又要鼓励孩子创造新的经验。

方法一：鼓励男孩提问题，多问“为什么”

在社会生活中，有些不合理、不科学、不规范的框框，严重地束缚着人们的头脑，使人们不敢轻举妄动。作为一个负责的父母，应该教育孩子，要大胆地问“为什么”，看这些东西到底有没有价值，有没有存在的必要，绝不能让孩子盲目地去遵从，不能产生怀疑。

父母千万别把男孩爱思考的好习惯当成是小男孩故意捉弄你的手段，更不要为了维护自己的尊严，一口回绝男孩提出的问题，甚至呵斥男孩。那样做，只能打击男孩思考的积极性，甚至让他丧失独立思考的能力。

一位妈妈这样谈到自己的教子经验：

我儿子4岁了，一天，我去幼儿园接他，在回来的路上，他仰着头看着天空问我：“妈妈，星星是什么做的呢？”

“这个问题问得很好，你想想看，没准你也能知道，星星到底是什么做的。”到家后，他爸爸在厨房里忙着做晚饭——包饺子，儿子在厨房里待了好半天，然后兴冲冲地跑出来，对我说：“妈妈，我知道星星是用什么做的了！”

我看着他说："是什么，快告诉妈妈！"

"是用做月亮剩下的材料做的，就像是爸爸做的菜盒子一样，是用包饺子剩下的面做的，对不对啊？"

"呵呵，你的想象力真丰富啊！"

晚饭后，我带着儿子来到电脑前，开始给他讲解有关宇宙的故事……

父母的鼓励会使男孩的问题越来越多。当然，对于男孩自己能解决的问题，父母应尽量鼓励他自己去解决，这样一来，还可以防止男孩养成依赖父母的习惯。

方法二：积极地引导男孩自己去寻找答案

一天，7岁的晓明和妈妈一起去商场买鞋，妈妈每次看上一双鞋都要先看看鞋底。晓明不知道妈妈为什么要这样做，就问妈妈："妈妈，鞋底有什么好看的，为什么你每次都要看鞋底呢？"

妈妈笑着说："因为这是冬天，我得给你买一双防滑效果好一点儿的鞋，免得你像上次一样摔倒啊！"

晓明歪着小脑袋好奇地问："鞋底和防滑有联系吗？"

"当然了，鞋底纹路多会比鞋底纹路少防滑效果更好一点儿，不信你可以回家做个实验试试看啊！"

回家后，晓明迫不及待地把自己夏天穿的鞋底薄且基本没有多少纹路的小凉鞋和妈妈刚给自己买的鞋一起拿到外面，在一块冰上，反复向前推鞋子，结果，果然纹路少的鞋子滑得更远。

回到房间后，晓明又迫不及待地问妈妈："为什么鞋子纹路多更防滑呢？"

"这个嘛，是摩擦力原理，你可以自己上网去查查，查完了顺便告诉妈妈一声，因为我也有些忘记了。"妈妈笑着说。

妈妈刚说完，晓明就跑到电脑前，拉着爸爸帮自己查询有关"摩擦力"的信息……

对于有能力自己解决问题的男孩来说，当他提出问题时，父母先不要急于回答，而是应鼓励他自己动手去寻找答案，当然你可以给予男孩适当的引导，让他通过实验或者查阅资料来获取问题的答案。

专家教你男孩怎么养

当男孩有“不一样”的想法时，父母如何对待？

第一，鼓励法，鼓励男孩天马行空地想象。

第二，引导法，引导男孩将想象力与现实结合起来。

第三，实践法，让男孩在实践中学会思考，主动去寻找答案。

教男孩学会换位思考

男孩长大后是心胸狭隘，还是待人宽容；是自私自利，还是为别人着想……这与父母从小对他的教育关系重大。

一天，小可在放学回家的路上和同班的另一个男孩打了起来，回家后，小可哭着对妈妈说：“妈妈，我被人欺负了，手都破皮了，你去帮我打他。”

妈妈看了看儿子的手，一边给儿子上药一边说道：“妈妈不能帮你去打他，看你受伤了，妈妈很心疼，如果我去打他的话，他的妈妈也会很心疼啊！”

“嗯！但是……是他的错，他先打的我。”儿子一边哭，一边委屈地说。

“妈妈知道，但是，所有的事情都是双方面的，或许他错得多一点儿，但你肯定也有错吧？”

“嗯！”小可点了点头说道。

“这就对了，生活中遇到摩擦是不可避免的，但你也应该多站在别人的角度去想问题，明白吗？”

小可似懂非懂地点点头。

这位妈妈是明智的，她不仅知道怎样去爱孩子，她更知道男孩的成长需要什么样的教育方式。

给男孩父母的建议

生活中，如果父母希望男孩能够体谅自己，那么，就必须教他学会换位思考，让他站在别人的角度去想问题，这样才有利于问题的解决。

方法一：教男孩多看别人的优点，少看别人的缺点

一天，儿子放学回家后，就跟我抱怨："妈妈，你能不能去找找我的班主任，让他帮我换一个同桌，我的同桌讨厌死了，每天都穿同一件外衣。这也就算了，他写东西的时候，还总是撞到我的胳膊。今天他更过分，用我的钢笔写字，当我问他的时候，他却说拿错了，我想他一定是故意的……"

听完儿子的话以后，我找来了一张白纸，在上面点了一个黑点问道："你同桌的问题我们一会儿再说，你先来看看这是什么？"

儿子想也没想就说："一个黑点啊！"

"错，这明明是一张白纸，为什么你却只看到了这个黑点？"

儿子有点儿吃惊地张大了嘴，看着那张白纸。

我接着对他说："每个人都有缺点，你只看到了你同桌的缺点，即便是给你换一个同桌，你也会如此，这样的话，没有人能够满足你的标准！"

儿子不好意思地低下了头。

生活中，有的孩子过分关注别人的缺点，长此以往，他就会变得偏激、狭隘，不懂得体谅他人，因此，父母要引导男孩全面地看待别人，学会换位思考。

方法二：引导男孩主动去了解别人

生活中，很多男孩在与人交往的时候，容易和对方产生摩擦，多半是因为男孩站在自己的角度去思考和处理问题，很少关心对方的需要。

小野在学校里打了同学小涛，回家后，他还先告状，对自己的爸爸说："小涛肯定偷了我新买的超人玩偶，当时只有他看到我放在抽屉里了，所以我才打了他。"

小野的爸爸似乎并没有听到小野的抱怨，而是从包里拿出一本书，将背面对着小野，并问小野这本书正面写着什么，小野什么也看不到，就只好随便说了一些。爸爸听了之后，故意显得很生气，还批评了小野，这时，小野也有些生气了，他委屈地说："从我这个角度只看得到背面，看不到正面，怎么能说对呢？"

爸爸笑了笑说："同样的道理，你又不是小涛，你怎么知道是他偷了你的超人玩偶？"

小野的脸突然一下红了，低下头不再说话了。

爸爸又问："你被人误解、被人欺负的时候，你当时是不是很难过呢？"

小野点了点头，说："我会向小涛道歉的，当然我也要找到我的玩偶！"

事实上，人与人之间的关系也是如此，只有让男孩真正站在对方的角度去想问题，他才能真正体会到他人的感受，真正地学会体谅他人。

专家教你男孩怎么养

父母如何教育男孩学会体谅别人？

第一，让男孩去感受他人的感受，比如，男孩的同学因为生病爽约了，男孩很生气，这个时候，父母可以引导男孩回忆一下自己生病时的感受，体谅同学爽约的行为。

第二，让男孩站在对方的角度去想问题，比如，和同学吵架后，父母可以引导男孩想想对方的想法，以便于问题的解决。

引导好动的男孩学会专注

男孩大都比较好动，很难安静下来专注地做一件事情，因此，父母应该从小培养男孩的专注精神。

然而，现实中让好动、调皮的小男孩养成专注的习惯绝非一件容易的事情，所以不少父母常常会发出这样的感慨：

我儿子其实特聪明，就是没办法静下心来专注地做点儿事情——刚开始玩拼图不到几分钟，又去玩电脑游戏；

我儿子学美术才一周，就吵着要改学音乐；刚给他报了音乐班，老师也请了，他又说吹萨克斯很酷……

儿童行为专家研究认为，男孩集中注意力、抑制冲动的能力跟大脑前额叶的发育有关，而大脑要到二十多岁才能完全发育成熟。换言之，男孩表现出多动、无法集中注意力的行为多半与大脑还未发育完全有关。

男孩在小学阶段，注意力一般只能集中 30 分钟左右，因此，如果男孩在写作业的时候，时不时地动一动，做点儿别的事情，都是很正常的事情。父母千万别采取强制措施，那样只会激起男孩的逆反心理，要么和你对着干，要么“消极怠工”。

给男孩父母的建议

父母首先应该静下心来，耐心地教育男孩，只有这样才能让他逐渐学会专注。

方法一：让男孩在规定的时间内完成一些事情

儿童心理学家研究认为，不同年龄孩子的注意力稳定时间是不同的， 5 ~ 10 岁的男孩能集中注意力达 20 分钟；10 ~ 12 岁的男孩能集中 30 分钟；12 岁以上的男孩可以集中一小时左右。

因此，父母应根据男孩的生理年龄特点，要求他在相应的时间内全神贯注地完成某项工作。对于一些必须花费长时间才能完成的工作，父母可以帮男孩将工作划分成不同阶段，多长时间休息一次，让男孩一部分一部分地来完成。这样不仅有利于男孩集中注意力，而且能够使男孩做起事情来有张有弛，提高效率。

方法二：每次只要求男孩做好一件事

男孩对很多事情都很好奇，常常会同时尝试几件事情，这个时候，父母就应该引导男孩着重完成其中的一件事。比如，男孩一边做手工，一边想他的作文题目……这样不仅什么事情也做不好，而且会养成三心二意的坏习惯。

因此，父母要告诉男孩，不管面对多少事情，要想做到最好，最聪明的做法就是每次只想、只做一件事情。

方法三：留给男孩足够的时间去玩儿

孟家上一年级了，爸爸妈妈对他管教很严。放暑假的时候，孟家提前做好了所有的暑假作业后，和爸爸请假准备跟同学一起参加夏令营。结果遭到了爸爸的反对，爸爸对孟家说：“你作业都做完了吗？”

“做完了啊！”

“不可能，这才放假十几天，三本作业你怎么可能这么快就做完？”

“不信你自己看！”孟家生气地把作业本拿给爸爸，爸爸看都没看，就接着说：“我说不行就不行，即便是做完了你也没有好好地用心做，现在回去检查，想去夏令营就得把作业全部检查完毕之后再去！”

于是，孟家玩儿的时间就这样被剥夺了。

上文中孟家的爸爸不仅剥夺了儿子玩耍的时间，还间接地传递给儿子一种错误的信息——作业不可能很快地完成，久而久之，在这种错误信息的引导下，孟家很可能会养成拖延的坏习惯，本来半小时能完成的工作，也会故意拖延到一两个小时，这对孩子学习习惯的培养是很不利的。

事实上，孟家爸爸所犯的错误，很多父母也都犯过，对于小男孩来讲，如果父母对他专注的时间过分苛求，其实并非是一件好事。

专家教你男孩怎么养

父母如何让男孩养成专注的习惯？

第一，给男孩制订规矩，比如，让男孩在规定的时间内完成一些事情，以此来培养他专注的习惯。

第二，不要一次性对男孩提太多要求，否则他就不知道从何做起，无法专注。

激发男孩的好奇心与求知欲

兴趣是最好的老师。如果父母想让男孩的学习成绩好，首先就应让他对学习充满兴趣，而让他对学习充满兴趣，就应不断激发他的好奇心与求知欲。

的确，如果男孩怀着强烈的好奇心与求知欲去学习，他就会把学习当成一种乐趣，从学习中获得满足与快乐，从而爱上学习。因此，不夸张地说，好奇心与求知欲是促使男孩主动学习的两大法宝。

杨永哲是个正在上初一的男孩，一直以来他在班级的学习成绩很优秀，但随着年龄增加，杨永哲的压力越来越大，他开始反问自己学习是为了什么，想着想着，他竟然开始觉得学习毫无意义、非常累，从此，他失去了努力学习的动力，产生了厌学情绪。

爸爸看出了儿子的忧虑，打算和他好好谈谈。他对儿子说："为什么你觉得学习没有意思呢？我知道你的物理成绩特别好，你在做物理实验的时候，想到些什么？"

杨永哲小心地答道："我想得最多的就是一定要把书里要求的实验现象做出来，不要出现偏差闹笑话。"

爸爸语重心长地说："儿子，这样想就错了，学习并不是这样的，它是一种对事物探究和求知的欲望。出现不同的实验结果很正常，如果你能找到其中的原因，那就是收获。"

其实，生活中很多男孩都遇到过类似的问题，他们为了父母而学习，为了考试而学习，却很少是为了自己的好奇心与求知欲去学习。此时，父母就应该及时给予男孩一些指导，激发他的好奇心与求知欲。

给男孩父母的建议

好奇心是男孩最为宝贵的财富，也是激发男孩学习兴趣的法宝。因此，父母应该有意识去挖掘和培养他的好奇心与求知欲。

方法一：引导男孩多观察、多发现

应该怎样激发男孩的好奇心呢？最简单的方法就是引导男孩多观察、多发现。父母能够有意识地引导男孩观察、发现周围的人和事，引导他自己思考这些发现的现象，就很容易激发他的好奇心与求知欲。

小辉 12 岁了，他的爸爸平时就很注重引导他多观察周围的环境，一次，小辉和爸爸晚饭后一起外出散步，爸爸看到月亮周围有一圈亮光，就指着月亮说："你看今天的月亮与平时的有什么不同？"

小辉想了一会儿说："周围有亮光？"

爸爸接着说："月亮在这个时间段周围出现亮光很有可能意味着明天要刮风，不信你可以上网去查查！"

爸爸的话引起了小辉的兴趣，回家后，小辉就开始查询此类信息，结果第二天中午真的刮起了风。从那以后，小辉开始学会仔细观察周围的变化，一发现有什么不同就马上去寻找答案。

因此，建议父母平时多带男孩出去走走，并积极地引导他去观察外界的一些变化，如树木、云朵、天气等，并让他自己去寻找发生这些变化的原因，激发他的好奇心与求知欲。

方法二：鼓励男孩多问问题

男孩喜欢问问题，这其实是好奇心的表现，父母应该鼓励男孩提问题，尊重男孩的好奇心与求知欲。要知道，男孩提问题，说明他在思考，而并非有些父母想的那样，他在胡思乱想。

小明是个五年级的男生，他的爸爸是一位建筑师，非常重视培养儿子的思考能力。在带小明出去游玩儿的时候，爸爸让他随便提问题，有的时候，爸爸还规定小明至少要提出 20 个不能重复的问题，就这样，在提问题的过程中，小明的好奇心与求知欲被充分地调动起来，他的思考能力也得到了提升。

父母要经常鼓励男孩多提问题，让他带着寻找答案的好奇心去学习，切忌粗暴地对待男孩提出的问题，那样只会打击他的好奇心与求知欲，限制他的思考能力，对男孩提高学习能力一点儿好处也没有。

专家教你男孩怎么养

父母如何激发男孩的好奇心与求知欲？

第一，多给男孩创造发现、探索的机会，激发他的好奇心与求知欲。

第二，鼓励男孩多问并引导他自己去寻找问题的答案，提高他独立思考的能力。

告诉男孩：凡事再坚持一下

人们常说，成功与失败只有一步之遥，只要咬紧牙关坚持一下，胜利便会向你招手。但是，现实生活中，很多人都在距离成功只有一步之遥的地方放弃了。

对于生活中那些耐心较差、自控力薄弱的男孩来说更是如此：刚遇到困难的时候，他们大都会表现出很足的信心，然而随着时间的推移，困难的不断增加，他们很快就会退缩甚至放弃。这时，父母一定要积极地引导男孩不要放弃，让他们再忍耐一下、坚持一下，也许就会迎来成功。

我是一个13岁男孩的爸爸，为了锻炼儿子足够的耐心、坚强的意志，我决定带着儿子去爬泰山。

一天早上，我带着儿子来到泰山脚下，在爬山之前，我问儿子："你能爬到顶上吗？你要知道泰山非常高，很多大人爬上去都很费事！"

"爸爸，我是个男子汉，放心吧，我一定比你先到！"

就这样，我和儿子开始爬山了，刚开始，儿子的劲头很足，总是走在我的前面，但当走到一半的时候，由于天气很热，他就说："我不想走了，太累了。"

这时候我对儿子说："儿子，再坚持一下，你不是说你是男子汉吗？"

"可是，爸爸，我真的很累啊！"

"我知道你很累，但是再坚持一下，我们就能到达山顶，难道你不想体会一下‘一览众山小’的感觉吗？”

儿子想了一下，点点头，跟着我继续往上走了，等我们到达山顶的时候，我看到儿子的喜悦，这时我拉着儿子对他说：“看吧！你能做到的，只是需要一些坚持，对不对？”

“是的！爸爸。”

给男孩父母的建议

俗话说：“功到自然成。”男孩要想取得学业上或事业上的成功，除了个人的努力之外，坚持也是实现这一目标的重要条件。

方法一：为男孩讲一些“坚持就是胜利”的故事

“坚持、坚持、再坚持”，这是成功者必备的素质，也是无数成功人士的座右铭。因此，当男孩遇到挫折时，父母应教育男孩坚持下去。.

孟海是一家少儿足球队的队员，最近球队被选去参加市里的比赛，所以，教练加大了训练的力度，每天孟海都累得筋疲力尽。一天训练回到家，孟海哭着对爸爸说：“我想退出球队，最近一段时间的训练太辛苦了！”

“儿子，你要坚持，你不是想做足球明星吗？这就是你必须迈出的第一步啊，只要坚持下来了，就能成功！”

“是这样吗？”

“当然，儿子，不信啊，爸爸给你讲个故事。”说着，爸爸就给男孩讲起了一个故事：

在一次美国标准拳击比赛中，一个拳手被对手打得遍体鳞伤，但对手每打倒他一次，他都会再爬起来。就这样，这个拳手被打倒了15次，也爬起来15次，直到拳击场响起了结束比赛的铃声。

当时，全场的人都被这个拳手坚持不懈的精神打动了，后来，有人采访这个拳手，这个拳手说：“其实，在当时的情况下，倒下是一种解脱，但是，我在心里喊：‘挺住，坚持一下，再坚持一下！’”

“儿子，你知道吗，任何人的成功都是要付出努力的，但是在付出努力的同时，还要记得‘坚持’两个字，现在那么多的努力你都付出了，就差坚持了，爸爸相信你一定行！”

"嗯!"儿子听了爸爸的话很受鼓舞，用力地点点头说道。

的确，任何人都不可能轻易成功，都需要坚持，父母一定要让男孩明白这一点，并不断地鼓励他坚持下去，这样才能取得成功。

方法二：以身作则，做男孩的榜样

父母是男孩的第一任老师，生活中，父母必须在男孩面前表现出足够的坚持与忍耐，在父母的熏陶下，男孩也会在遇到困难之后选择坚持、忍耐。

小方的爸爸是一位工程师，一次，爸爸接到了一项很难完成的工作，每天晚上都要在家里工作到很晚。一天晚上，小方起来上厕所，看到爸爸还在工作，就问爸爸："你为什么每天工作到这么晚，不累吗？"

"当然累啊，但这是爸爸的工作啊！"

"那你的工作很难吗？"

"算是吧！"

"太难的话，就不要做了，妈妈说你总是熬夜对身体不好的！"

"儿子，首先爸爸要谢谢你的关心，但是，爸爸也要告诉你，作为男人，怎么能够一碰到困难就选择退缩呢，相反，我们要迎难而上，只要坚持下去，就一定能完成的，明白了吗？"

小方似懂非懂地点点头。

几天后，小方在家做作业，遇到了一道很难的题目，他一直做到晚上10点钟依然没能解出来，妈妈走过来让他先休息，他却像个小大人似的对妈妈说："不，爸爸说了，男子汉就要迎难而上，坚持不懈!"说完，他继续做题，结果真的被他解出来了。

专家教你男孩怎么养

父母如何让男孩学会忍耐？

第一，故事鼓励法，多给男孩讲一些有关坚持、忍耐而获得成功的故事。

第二，行为示范法，以身作则，让男孩看到父母的坚持与忍耐。

第六章

能力培养，教出了不起的男子汉

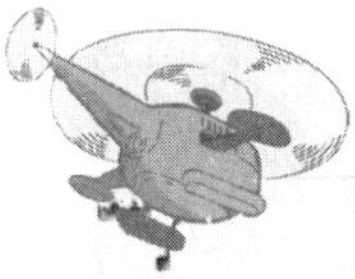

如何培养了不起的男孩？

什么样的男孩才是了不起的男孩？

答案显而易见——

做事果断的男孩，

应变能力强的男孩，

有主见、能够自己把握人生的男孩，

……

男孩只有具备了以上这些素质，才可能成为一个出色的男孩。

思考力——引爆男孩的潜能

生活中，很多男孩都欠缺独立思考的能力，其实，这是父母错误的教育方式造成的。有的父母对男孩进行“听话教育”“包办代替”“题海战术”“标准答案”等不科学的教育，使男孩丧失了独立思考的机会。

一个男孩，只有学会如何独立思考，他才能拥有充实的内心，才有可能始终充满活力，才有可能在今后成为一个有作为的人。的确，我们评价一个人聪明与否，并非看他掌握多少知识，而主要是看他的思维能力强不强。一个男孩只有具备了独立思考的能力，才能够向成功迈进。正如巴尔扎克所说：“一个能思考的人，才真是一个力量无边的人。”

因此，在日常生活中，父母要积极地引导男孩独立思考。要知道，世界上的成功者都是一些善于思考的人，他们的伟大成就无不是建立在自己出类拔萃的思考力之上的。

给男孩父母的建议

父母如何让男孩养成思考的习惯呢？

方法一：引导男孩学会独立思考

男孩在成长的过程中难免会遇到这样或那样的问题，这个时候，若父母对孩子的问题有问必答，虽然解决了孩子当时的问题，但却不利于孩子长久的发展，孩子遇到问题时不会独立思考，不会自己去寻找答案，这对孩子思考能力的发展没有好处。

因此，聪明的父母在面对孩子的问题时，应多引导他自己去思考、去分析、去运用自己学过的知识看书、查参考资料等，让他自己去寻找答案。孩子在寻找答案的过程中，思维能力就会得到提高。如果孩子实在无法独立解决问题，父母可以示范，通过请教他人、查阅资料、反复思考等方法，让孩子学习思考的方法，这对孩子的影响是非常大的。

方法二：多问男孩“为什么”

提问是培养男孩独立思考能力的起点，如果男孩经常面对各种问题，大脑的思维就会比较活跃。因此，父母若想提高男孩的思维能力，就应该多问男孩“为什么”。

下面这位爸爸做得就非常好：

我儿子 12 岁了，因为我是从事金融工作的，所以，从小我就很注重培养他的思考能力，从他上小学开始，我就经常会问他一些问题，而我发现他也很喜欢回答我的问题。

看到公益广告说大家要保护树木防止全球变暖时，我会问儿子保护树木与防止全球变暖有什么关系呢？为了回答我的问题，儿子就会上网查询资料，然后再把自己整理出来的答案告诉我。每当这个时候，我都会赞许地看着儿子，并且从不吝啬表扬我的儿子，就这样，儿子养成了独立思考的习惯。遇到问题的时候，他从不会直接向别人要答案，而是自己去查阅图书或者上网找资料。良好的思考能力让儿子在各方面表现都很突出，今年年初，他还在少年辩论大赛中获得了“十佳辩手”的称号。

方法三：让男孩养成每日思考的习惯

让男孩养成每日思考的习惯，每天拿出一部分时间，可以是 10 分钟、20 分钟，用于思考自己的学习、一天所做的事情或计划。养成这个习惯后，父母就会惊奇地发现：无论在什么时候、什么地方，男孩都可能提出建设性的建议。

因此，在培养男孩思考能力的时候，父母不妨先养成男孩每日思考的习惯，持之以恒，定会有所收获。因为这种每日思考是给精神充电的一种实用方法，对男孩提高学习效率很有帮助，而且对他今后的人生具有积极的推动作用。

专家教你男孩怎么养

生活中，父母应该如何从细节引导男孩养成爱思考的习惯？

第一，让男孩把自己的想法写出来。父母应教会男孩记随想录，只要有随想，赶快记下来。这种习惯会促进男孩思考能力的提高。

第二，教男孩先思考再行动。做任何事情，不管大事小事，都要养成先思考再行动的习惯。这种习惯对培养卓越的做事能力作用非常大。

第三，引导男孩向自己提问题。向自己提出迷惑不解的问题，也可以在一定程度上使男孩获得进步。

交往能力——带给男孩好人缘儿

随着知识经济的不断发展，社会不仅对人才的需求量越来越大，而且对人才的质量要求也越来越高，其中人际交往能力是必备能力之一。

然而，现在的男孩多是独生子，缺乏与人交流合作的能力，他们因缺少同龄伙伴，接触面较窄而产生了诸如以自我为中心、攻击性强、不合群等许多社会性方面的问题。国内一项调查显示：30.1%的男孩存在中等程度的孤独，23.5%的男孩表示“我没有知心朋友”，超过半数的男孩认为“多数人是不可以信赖的”，而超过40%的男孩都有过离家出走的念头。由这个调查我们不难看出男孩是多么的欠缺与人交往的能力。

人际交往在男孩的成长中发挥着重要的作用，亲子关系、师生关系、同学关系的紧张与疏离，都会直接影响到男孩性格的发展和品质的形成。在竞争日益激烈的当下，如何让男孩学会交往，是父母教育过程中不可忽视的一项内容。

下面是发生在一位妈妈身上的故事：

我的儿子小爽已经上初中了，可是他非常内向，从来不主动与人交往。小的时候，他就这样，一直没什么朋友，不过那个时候我们倒也没觉得什么，就单纯地认为孩子小，害羞而已，可是眼看着儿子越来越大，但与人交往的能力却越来越差，现在就连让他去超市买个东西，他都不去，问他原因，他竟然说不想和人说话。

在学校里，老师说他总是一个人闷在角落里，就连学校组织春游，他也不与同学们一起玩儿。当我问他为什么不主动和别人交流的时候，他则很无辜地看着我说不知道该怎么和别人交流。那时候，我才意识到，儿子在与人交往上出现了严重的问题，如果不及时引导，恐怕儿子长大后很快就会被这个社会淘汰。因为这个社会需要的是全面的人才，不仅要学习好，还要具备人际交往能力等。

意识到这一点后，我开始在生活中有意识地培养小爽与人交往的能力，我先是找朋友们来家里做客，并让朋友们带上他们的孩子，让他们的孩子主动和小爽一起玩儿，渐渐地，我发现小爽和朋友们的孩子熟悉了起来，话也多了。随后，我还经常带他去参加一些野外互动，并鼓励他多去和那里的孩子交流，时间长了，儿子不但变得开朗起来，而且和他人之间的交流也越来越多了，还交了不少朋友。

给男孩父母的建议

那么，如何培养男孩的交往能力呢？

方法一：引导男孩正确地与人交往

若想让男孩成为一个交往能力很强的人，让男孩体会到交往的快乐，就需要父母传授给男孩一些与人交往的技巧。比如，父母应让男孩在交往中学会使用礼貌用语："请""谢谢""对不起"等，告诉男孩只有懂得礼貌的人，别人才愿意和他一起玩儿。还要让男孩学会容忍与合作，遵守集体规则，乐于助人等。

除此之外，父母可以带儿子参加各类亲子活动，这是一种很好的训练男孩交往能力的方法。当然，也可以鼓励男孩邀请邻居家的小朋友、同班同学来家里做客。儿童心理学家指出，同伴对指导或训练男孩掌握社会交往技能，帮助男孩走出孤独具有特殊作用，因为这种技能男孩是无法在父母那里学到的。

方法二：增强男孩的自信，让男孩主动与人交往

父母在平时应该多鼓励男孩主动与别人打招呼，一起玩游戏，一起分享玩耍时的快乐，而当男孩做到这些后，父母还要适当地给予男孩表扬，增强男孩的自信，让男孩乐于与人交往。

当然，男孩如果怯生，父母也不应呵责他，而是应先缓解他的紧张感，让他身心放松，慢慢地由不熟悉到熟悉。同时要经常暗示男孩，只要你主动、友好地与别人相处，别人就会喜欢和你做朋友，以此来增强他的自信心。

方法三：培养男孩乐观的性格

在日常生活中，父母肯定不难发现，一般性格乐观的男孩，都比较受大家欢迎，而且他们也大都善于与人交往。因为他们出现的地方总能给别人带来欢声笑语，自然就会得到大家的喜欢，所以，父母若想培养男孩与人交往的能力，就应在男孩小的时候多给他一些积极的暗示，让他成为一个开朗、乐观、豁达的人。

小乐9岁了，是一个活泼可爱的小男孩，非常受人欢迎，他所在小区的人都很喜欢他，每次见到邻居叔叔阿姨的时候，他都主动打招呼；当小伙伴在玩耍的时候不小心受伤了，他总会安慰自己的小伙伴，还告诉小伙伴要坚强；在小区里的很多成年人看来，小乐不仅非常懂事，而且说话办事都像个小大人一样。因此，大家都很喜欢他，甚至把小乐当成教育自家孩子的榜样。

而当小区的人询问小乐的妈妈是怎么培养出这样优秀的男孩的时候，小乐的妈妈则笑着说："没有什么秘诀，只是从他小的时候起，我们就教育他凡事要乐观，鼓励他说出自己的想法，鼓励他见人要说话，久而久之，他便养成了这种习惯。"

专家教你男孩怎么养

生活中，父母应该如何培养男孩的交往能力？

第一，培养良好的心理品质。生活中，父母应有意识地培养男孩诚实守信、善良真诚等与人相处时应具备的好品质，这样，男孩的心胸也会变得开阔，朋友也会越来越多。

第二，教会男孩关心他人。因为只有懂得关心他人的人，才能得到更多人的关心，才能受到大家的欢迎和爱戴，给他人一种温暖的感觉。

第三，教会男孩注重付出，这样做能为男孩赢得更多的好朋友。

第四，引导男孩学会感恩。父母要让男孩明白：要想真正赢得朋友的心，就要学会感恩。

领导能力——为男孩的成功提供助力

领导能力是这个社会所需人才的一项必备素质，尤其是对男人而言，若一个男人缺乏领导能力，他往往很难成功。那么，男人的领导能力从何而来呢？

男孩的领导能力是从小锻炼出来的，比如在平常与小朋友玩儿的过程中、在学校的各种活动中，男孩有很多锻炼自己领导能力的机会，所以，父母要善于抓住这些机会，有意识地培养男孩的领导能力。

父母先要明确何谓“领导能力”，并在培养男孩领导能力的过程中做到有的放矢。下面就让我们来看一下要成为一个领导者必备的要素：

乐于助人。

大方、乐善好施。

具有很强的应变能力，了解多方面、多层次的内容。

有勇有谋，不意气用事。

有一定的强项，有一呼百应的号召力。

待人宽容，富有责任心。

良好的人际关系。

谦虚好学，绝不自大妄为。

只有做到以上几点，男孩才有可能在将来成为成功的领导者，实现自己的理想与抱负。

给男孩父母的建议

生活中，父母应该如何提高男孩的领导能力呢？

方法一：因材施教，尊重男孩的特长

俗话说得好：“三百六十行，行行出状元。”所以，父母在培养男孩领导能力的时候，应让男孩在自己的兴趣范围内去努力争取领导地位。在一个得心应手的活动领域从事组织工作，可以帮助男孩建立信心，培养其领导能力。

方法二：多鼓励男孩

在一次乒乓球比赛中，小米因为自己的失误输了比赛，回家后，妈妈不但没有安慰他，反而抱怨说：“天啊，我看了你的比赛，你究竟是怎么搞的，能犯那么低级的错误。”听了妈妈的话，小米的心情更差了，他什么也没说，径直跑到自己的房间里哭了起来，说以后再也不打乒乓球了。

事实上，父母这样做是非常错误的。要知道，男孩因为自己的失误输了比赛已经很难受了，此时父母要做的不是抱怨男孩的失误或提醒男孩因为他的失误输了比赛，而是应该给予他适当的鼓励。有时，男孩的信心和勇气是很脆弱的，所以，当男孩做得不好时，父母应多鼓励男孩。

方法三：让男孩多学习一些知识

想要培养男孩的领导能力，首先要让他成为一个博学多才的人，只有这样，男孩才能在他人面前更有权威和号召力。

李博文 11 岁了，从小他的妈妈就有意识地让他多学习知识，经常带他去海洋馆、科技馆参观，还给他买了很多国内外的书籍，渐渐地，李博文养成了好学的精神，现在他在班里是个名副其实的“小百科”。

一次，学校准备挑选一批学生去香港与那里的学生进行交流学习，而李博文因为博学多才轻松入选，后来又被评选为本次学习交流小组的组长。

由此可见，父母若想培养男孩的领导能力，首先应引导男孩认真学习，积累知识，并不断地学会运用知识，成为一个博学多才的人。

专家教你男孩怎么养

生活中，父母如何培养男孩的领导能力？

第一，父母应给予男孩多一些的鼓励。父母要鼓励男孩多想成功而不去多想障碍，自信会成功的人才能吸引别人跟随自己。

第二，引导男孩多去尝试。

第三，让男孩自己制订一项计划。分析并制订计划的能力是每个领导者都应具备的，因此，父母在培养男孩领导能力的同时，还应注重培养男孩制订计划的能力。

自控能力——把握自己才能把握世界

生活中，很多父母都没有对自控教育引起足够的重视，他们大都认为，随着男孩年龄的增长，其自控能力也会随之提高，但事实却并非如此。如果父母未能在男孩小的时候对其自控能力加以培养，那么，男孩长大后往往很难良好地控制自己的情绪与行为，很难有所作为。

换言之，男孩只有在小的时候就学会自律，才能在将来取得更大的成功。反之，一个自幼缺少自律的人，则很容易受到各种主观因素的干扰，很难在某一方面做出杰出的成绩，实现自己的目标。放纵与任性的男孩是很难有什么作为的。

下面是一位妈妈的亲身经历：

我儿子9岁了，每次带他去逛商场，只要遇见他喜欢的，就向我要，一不给买，他就又哭又闹，甚至干脆坐在地上不起来，这让我非常苦恼。一次，儿子又在超市里这样向我要东西，这次，我没有妥协，而是任由儿子哭闹，一会儿儿子的情绪稳定了，我就问他："你都这么大了，怎么每次都像个小孩似的呢？你不能一遇到自己想要的东西就这样啊！"

儿子眼泪汪汪地看着我说："可我就是想要，心里特别的想，我有的时候也不想那样的。"

后来，我找相关专家了解才知道，这是因为儿子从小缺乏自控意识造成的，需要及时进行纠正。

给男孩父母的建议

由此可见，父母一定要先从日常生活中教育男孩，比如告诉他不能随地吐痰、不要私拆他人信件、不能闯红灯等。等男孩大些了，要告诉他道德准则、法律法规，要求他遵纪守法，让男孩懂得控制自己的行为和情绪。那么，父母应该怎样培养男孩的自控能力呢？

方法一：引导男孩自己去辨别该做和不该做的事

生活中，父母习惯了直接告诉男孩，这件事你能做，那件事你不能做，却忘了要告诉男孩能做与不能做的原因。

因此，在家庭教育中，父母要让男孩知道，有些事能做，有些事不能做；有些行为对自己有利，对别人有害；有些行为对自己可能有害，但对别人却有好处；在一定的场合有些话能讲，但换了地方有些话就不能讲。父母可以通过生活中一些可感可知的事例，进行简单的判断和分析，让男孩知道，为何要这样做、而不要那样做的道理，久而久之，男孩在行动之前就会有所考虑，有所节制。

方法二：提高男孩的心理素质

父母在培养男孩自控能力的同时，还应着重提高男孩的心理素质。对男孩的心理训练，一般来讲，父母可以通过一些日常小事来进行，比如：何时起床，何时就餐，何时到校，何时玩耍，都应有要求、有规矩。在这种规范的约束下，男孩就会有意识地克服自己的惰性，努力实现这些目标。男孩的道德水准、意志品质和自控能力都会有明显增强。

晓海是一个初中生，与大多数同龄的男孩相比，晓海的自控能力更强一些，这都要归功于他的爸爸，为什么呢？因为从晓海6岁起，他的爸爸就给他制订了一系列的“规律”，如：吃饭的时候不能东张西望，饭后要帮助妈妈一起收拾碗筷，早上几点钟必须起床，晚上几点前必须睡觉，周末时必须拿出多长的时间用于学习，出去玩耍最晚不能超过几点回家……久而久之，晓海养成了严格要求自己的习惯。现在住校上学的他，依然坚持按照爸爸的规定起床、睡觉，很多孩子都会在周末偷偷溜出去上网，但晓海却从来不去，他现在是同学和老师眼中的好学生。

方法三：培养男孩自控能力时应遵循循序渐进的原则

培养男孩的自控能力是一个循序渐进的过程，不可能一蹴而就，需要父母的耐心与细心。

一次，一位爸爸带着儿子出去玩儿，当他们路过一个葡萄园时，男孩偷偷地摘了一串葡萄，爸爸看见儿子的行为并没有当面制止，而是直接带着男孩找到了葡萄园的园主，并且把那一串葡萄的钱还给了园主。在回来的路上，爸爸还对儿子讲为什么要把钱还给园主，儿子默默地记住了爸爸的话。

后来，学校组织学生去水果园采摘，水果园规定只能采摘，不能边摘边吃，但很多学生都在角落里边摘边吃，唯独这个男孩没有。

出了水果园后，班主任送给他一份奖品，原来，水果园内都有摄像头，而这个男孩也因此赢得了大家对他的尊重。

这位聪明的爸爸有意识地训练儿子的自控能力，帮男孩跨出了把握自己的第一步。学习把握自己，让男孩具有良好的自我控制能力，才能使他生活得更幸福，获得更大的成功。

专家教你男孩怎么养

生活中，父母如何培养男孩的自控能力？

第一，父母以身作则，做男孩自律的表率。

第二，延迟对男孩需要和欲望的满足。父母不要总是在第一时间满足男孩的要求，逐渐培养他的自控能力。

第三，引导男孩养成自律的精神。父母不妨和男孩一起商量制订家庭规则，以便共同遵守，以此来培养男孩的自律精神。

创新能力——让男孩更容易成功

男孩天生具有探索心理，在一定意义上，也更具创新能力。然而，现实生活中，有的父母却未能了解到培养男孩创新能力的重要性，或是即便注意到了，也未能选择用正确的教育方式培养男孩的创新能力。

“哎呀，太阳是红色的，你怎么能涂成绿色的呢？”一位妈妈看着儿子的图画说道。

一个男孩正在家里制作自己要参加风筝大赛的风筝，妈妈走过来，拿起来看了看，对儿子说：“你这画的是什么啊，你没看见大街上风筝的图案吗？你画的这个肯定赢不了！”

……

父母总是拿一些成形的规矩来阻碍男孩的创新思维，从长远来看，对男孩的发展十分不利。因此，父母要鼓励男孩创造性地提问，并给男孩以科学的回答，更重要的在于鼓励男孩针对同一问题给出多种答案。

给男孩父母的建议

那么，父母该怎样培养男孩的创新能力呢？

方法一：培养男孩绘画、音乐等方面的特长

绘画和音乐最易诱发孩子的想象力，也是最为孩子所能接受和喜欢的形象表现形式。孩子的画技及欣赏音乐的能力可能虽然不高，但却能表达自己的思维活动过程。

对男孩的画，父母不要过分强调男孩画得多么像，而是应该多鼓励男孩去想。如在纸上画出许多圆，让男孩想象添画，看圆能“变”成什么。男孩可能会从单一的一个太阳、一个皮球……想到用圆组合出熊猫、一束气球、一群小猫等有情节的画面。

当给男孩播放音乐的时候，父母也应记得不要忙着先做鉴赏家，而是把这个机会留给男孩，让他根据自己的想象力去感受音乐，无论男孩对音乐的理解是否正确，父母都不应急着去评论，而是以鼓励为主。

方法二：开发男孩的右脑

众所周知，人的大脑分为左脑和右脑，并具有不同的功能。左脑是处理语言，进行抽象思维、聚合思维、分析思维的中枢；而右脑则是处理表象，进行具体形象思维、发散思维、直觉思维的中枢。

儿童行为专家研究发现，右脑与人类的创造性活动有密切联系，因为在创造过程中起重要作用的想象、直觉、整体综合等，都是右脑的机能。

因此，父母若想提高男孩的创新能力，就应适时地开发男孩的右脑。如：让6岁之前的男孩左手拍球、绘画、抓握物体、剪纸片、传递物品等，用左脚单腿跳、踢球、踢毽子等。

方法三：尊重男孩的探索心理

生活中，小男孩的脑子里总是有那么多让大人不解的新奇想法：

一个5岁的小男孩，为了想知道收音机里谁在说话，就把一台崭新的收音机拆开，当然，他肯定没有办法再还原了。

小风用家里的电话打了一通美国长途，原因是他想找超人。

小山把奶奶种植的玫瑰花全都弄死了，其实他不过是想快点儿看玫瑰花，于是，一连三天到院子里去浇水、“揠苗助长”。

……

这些奇怪的念头让人感到啼笑皆非，然而正是这些古怪的想法促使男孩去发现、探究。童年时期的探索、发现的欲望得到满足后，长大以后这些欲望便成为他进行创造活动的强大动力。有些父母讨厌男孩喋喋不休，问这问那，对男孩的奇思异想、反常规行为不屑一顾，甚至嘲笑、挖苦，最终只会抹杀男孩的创造力。

专家教你男孩怎么养

父母如何提升男孩的创新能力？

第一，鼓励男孩讲出他所知道的故事或让男孩自己编故事。

第二，培养男孩质疑的精神，教男孩多问“为什么”。首先，父母要对男孩的提问或反问表现出耐心和关注；其次，可规定男孩至少每天提出一个问题；再次，经常向男孩发问；最后，将男孩置于一种似会非会、似懂非懂的问题情境中，促使他开动脑筋、思考问题、解决问题。

第三，给男孩创造一种自由的家庭氛围，充分发挥男孩的独立性。

实践能力——让男孩全面发展

“实践出真知。”实践能力不仅能够让男孩获得更多的知识，还能够促进男孩的大脑发育。

事实的确如此，让男孩自己去实践，远比让他搭上所有的业余时间死读书来得好。然而，中国的父母大都把眼光投向了男孩的学习成绩，而忽略了实践能力对男孩成长的重要性。

给男孩父母的建议

父母应该怎么培养男孩的实践能力呢？

方法一：为男孩提供动手的机会

其实，很多时候，男孩已经有了动手实践的意识，比如，他说想要一些木板给小狗盖一个小房子，想要买一些电池和小工具做一个小机器人……可父母是怎样回复男孩的呢？不外乎“你现在的任务是学习，别胡思乱想，赶紧去学习！”

因此，当男孩有动手实践的意图时，父母就应支持男孩的想法，培养其动手实践的能力。

方法二：适当地让男孩参与到劳动中来

现代生活条件好了，男孩都是被父母宠大的，平时在家一点儿家务都不做，更别说让他去动手实践了，久而久之，男孩难免会养成好吃懒做的坏习惯。

为了避免男孩养成坐享其成、好吃懒做的坏习惯，父母不妨根据男孩的年龄让他参与到劳动中来。比如，每周必须大扫除两次，放学后不能乱丢鞋子，自己的房间每天要收拾一遍等。分配男孩一些他能够胜任的事情，从男孩自我服务劳动开始，让他获得成功，从而激发他对动手实践的热情。

欣欣9岁了，因为家庭条件好，欣欣从小就养成了好吃懒做的习惯，在他看来，家里的保姆都会替他做好的。

一次，欣欣的爸爸让他去外面取报纸，他先是装作没听见，而后就对爸爸说：

"这些事情你可以找保姆说啊，我正在看动画片，你没看见吗？"

欣欣的爸爸听到欣欣的话后感到既诧异又气愤，呵斥了欣欣一顿，欣欣最后满脸不乐意地取回了报纸。

还有一次，欣欣的爸爸去国外出差，回来的时候，给欣欣买了一份纪念版的那个地方的城市广场拼图，但欣欣却连看都没看，爸爸问他为什么不去拼拼看，他说："很累啊，而且很没意思，再说了，只要我想去，你们就带我去，我何必要去拼图呢？"

这一次，欣欣的话彻底让他的爸爸生气了，生气之余，他也开始思考欣欣出现上述行为的原因。原来，长久以来，欣欣已经习惯了衣来伸手、饭来张口的生活，基本上完全丧失了自我动手实践的能力。欣欣的爸爸作为一个事业上还算成功的商人，他太清楚实践能力对一个男人的重要性了，于是，他决定改变对欣欣的教育方式。他观察到，欣欣比较喜欢赛车，就买来很多需要组装的赛车，和欣欣一起组装，并且还和欣欣打赌，谁组装得慢就要负责扫地。欣欣年龄小，肯定没有爸爸组装得快，所以，只好愿赌服输地去扫地了。

专家教你男孩怎么养

父母如何在日常生活中培养男孩动手实践的能力？

第一，为男孩提供必要的动手实践的条件。

第二，带男孩参观科技馆、工厂等地，增强男孩的感性认识，提升男孩的实践能力。

第三，锻炼男孩的自理能力，如整理玩具、打扫房间、洗小物品等。日常生活中，父母要刻意培养男孩自己动手的习惯，因为动手是提升实践能力最关键的环节之一。

决断能力——教男孩果断做事

出门时，穿牛仔裤还是运动裤？晚饭时，吃土豆丝还是番茄炒蛋？报特长班，选择音乐还是美术？……在男孩的成长过程中，经常会面临大大小小的选择。有些孩子可以很快地做出决定，有些孩子则是犹豫不决，凡事都依赖别人，没有自己的主见。说到底，他们少了一种决断能力。

决断能力就是指在面对任何事情的时候要当机立断，不思前想后，不前怕狼后怕虎。对于男孩来讲，做事果断实际上是一种智慧和才能的体现，也是男孩未来能取得成功的关键。

假如男孩少了决断能力，就会变得优柔寡断、依赖性强，解决不了实际问题。

在古代，有一个男孩帮妈妈去定制新鞋，当时鞋子的样式有两种：一种是圆头的，另一种是方头的。鞋匠问男孩要选择哪种，可男孩一时间没了主意，一会儿说要做圆头的，一会儿又说要做方头的。在男孩犹豫不决之时，鞋匠已经把鞋子做好了——鞋子一只做成了方头，一只做成了圆头，根本没法穿……

这个故事告诉我们，优柔寡断的人无法行事，他们往往会错失掉很多机会，很可能忙碌一生也毫无建树。因此，父母应从小培养男孩的决断能力，为男孩能够把握人生机遇打下坚实的基础。

给男孩父母的建议

决断能力的培养并不是靠说教来完成的，需要父母在教育男孩的实践中通过事例进行引导，那么，父母该如何培养男孩的决断能力呢？

方法一：决断能力需从男孩很小时就开始培养

李先生的儿子李兴是一个性格非常爽快、做事果断的孩子，从不拖拖拉拉，不管是在家还是在学校，都非常受欢迎。这主要得益于李先生的教育。

李兴很小的时候，李先生会刻意让李兴自己去决定许多力所能及的小事，比如电视看哪个频道，出门穿什么衣服，晚上吃什么饭，压岁钱怎么分配等。

即使遇到了什么难事，李先生也尽量让李兴自己做主。李兴上二年级的时候，有一次，李先生开车送他上学，但是由于路上堵车而迟到了。李兴怕挨老师批评，就坐在车里哭，一定要爸爸陪着才肯进教室，否则就不下车。但是，李先生果断地拒绝了李兴的请求，同时给了李兴两个选择：一个是自己进教室，另一个就是立刻回家。结果，李兴不得不自己走进了教室。

那天回到家以后，李先生明确地告诉李兴："许多事情是你自己必须解决的，不能依靠别人的帮助。要知道，很多事情你今天不想面对，明天还是一样需要你去面对。"

就是在这样的教育下，李兴才拥有了当机立断的能力，现在的他已经是学校的大队长了。

父母把本该由孩子决定的事揽过来自己承担，这其实是害了孩子。父母在男孩面前必须态度明确、行为果断，以此来潜移默化地影响男孩。如果男孩有了优柔寡断的倾向或习惯，就要立刻帮他改正，否则会影响男孩将来的发展。

方法二：帮男孩摆脱依赖心理

不少男孩遇事总是去问别人该怎么办，完全等着别人拿主意，这是男孩的依赖心理在作怪。

小胜是一个非常没有主见的男孩，做什么事情都优柔寡断。有时候，做一个决定，他要征求很多人的意见，即使这样，他也可能决定不了。

一次，妈妈让小胜报一个特长班，让他在钢琴班和书画班任选一个。小胜犹豫了好久，也不知道选哪一个好，于是，他问妈妈："您觉得我该选择哪一个呢？"妈妈说："你自己决定吧！"但是小胜犹豫了好久，还是没有做出选择。

一直到两个特长班都开课一周了，小胜还在犹豫呢！小胜的妈妈气得直摇头："我的儿子做事这么犹豫不决，将来怎么应对社会竞争呢？"

当男孩遇事犹豫不决，向父母征求意见时，父母不要马上给出答案，而是要引导和鼓励他拿出自己的意见。哪怕男孩说出的意见没有多少价值，父母也要先予以鼓励，然后再帮其完善，时间长了，男孩果断的性格就会逐渐形成。

方法三：鼓励男孩当机立断，勿求"万全之策"

上四年级的泉泉做事总是犹豫不决，每次去超市买东西，他会挑来挑去，拿起这个再放下那个，根本拿不定主意；妈妈领他去商店买鞋，他东挑西拣，选了一个上午才买到合适的。为此，泉泉的妈妈犯了愁——儿子如此优柔寡断，以后进入社会怎么办？于是，她暗下决心，要培养泉泉的决断能力。

从此以后，泉泉妈妈总是故意为儿子制造一些选择的机会，并鼓励他当机立断。比如，一起买东西时，泉泉妈妈不再为泉泉出任何主意，只是在一旁告诉儿子喜欢哪个就买哪个。做事不要力求完美，不要考虑太多，渐渐地，泉泉做事越来越果断了。

有些男孩遇事优柔寡断，犹豫不决，主要原因就是总怕自己考虑得不够周全。但是，万事不可能十全十美，父母要让男孩懂得，凡事能有七八成的把握，就应该下定决心，这对于培养男孩果断的性格大有益处。

专家教你男孩怎么养

父母如何培养男孩的决断能力？

第一，让男孩在做事之前明确自己的目标，这样他的态度才会鲜明、遇事才不会犹豫。

第二，决断能力实际上也是男孩珍惜时间的一种表现。父母要告诉他果断地处理事情，就可以节约时间，让自己做更多的事。

第三，决断能力其实也是一种领导才能的体现。平时父母应试着培养男孩果断的性格，这样他遇事才会充满自信。

应变能力——从容应对各种状况

现实生活中，很多父母都认为男孩的应变能力不需要培养，等男孩长大之后应变能力自然就有了，但事实上是这样吗？

男孩早晨上学时天气好好的，但到了中午放学时却下起了雨，这时男孩该怎么办？男孩与几个同学约好了一起去书店买书，结果他到了书店后，其他同学都没来，这时男孩该怎么办？男孩放学到家后准备拿钥匙开门，却找不到钥匙了，这时男孩该怎么办？男孩一人在家时，家里来了客人（可能是男孩不认识的人），这时男孩又该怎么办……这些事情涉及男孩的应变能力。如果男孩没有很好的应变能力，那么就不能很好地处理这些突然发生的变化和预料之外的情况。

孔融10岁那年的一天，他到名士李膺家做客。当时，登门拜访者都是社会名流，孔融面对众位客人友好、不友好甚至是恶意的问话皆对答如流，不卑不亢，深得众宾客称赞。但有一位叫陈韪的大夫不以为然地讥讽道："小时候聪明，长大了未必也聪明！"陈韪此言一出便全场默然，人们纷纷把目光投向孔融。孔融镇静了一下立即回答："我想，先生小时候一定很聪明吧？"孔融此言一出，语惊四座，众人不约而同拍起双手，把陈韪弄了个大红脸，半天没吱声。从此，孔融的名声更大了，成为众人仰慕的目标。

这就是应变能力的作用，它能够让男孩面对突如其来的情况临危不乱。

给男孩父母的建议

方法一：让男孩明白"计划赶不上变化"的道理

每个人做事前都会简单地规划一下，比如，父母决定带男孩外出游玩儿，都极有可能会被突然出现的变化而打乱。因此，父母应当让男孩明白"计划赶不上变化"的道理，以便让他对突然出现的情况有一个心理准备。例如，父母想带男孩出去玩儿，就应该这样说："如果明天天气很好，而且我和你爸爸没有什么突发的工作要做，我们就去郊外游玩儿好吗？"

方法二：与男孩一起分析突发的事情

很多发生在男孩身边的事情是不可预见的，比如，男孩在放学回家的路上遇到了陌生人，说要带男孩出去玩儿，这个时候男孩应该怎么办呢？

这就要求父母在平时应将可能出现的情况尽量都告诉男孩。例如，不要和陌生人一起出去玩儿；不要随便吃别人给的东西；不要把钥匙拿在手上，以免丢了；不要随便把自家的电话号码、住址等告诉陌生人……

一天放学，王亮在路上遇到了几个大男孩，其中一个大男孩拿着一个冰激凌走过来，对王亮说："我给你吃冰激凌，你请我们去你家玩儿，好不好？"

王亮看了看大男孩手中的冰激凌，摇了摇头，这时另一个大男孩递过来一个变形金刚，那是王亮一直想买的玩具，王亮高兴地拿过来摆弄了一会儿，这时，大男孩又说："这个也给你玩儿，你请我们去你家玩儿，好不好？"

王亮放下变形金刚，又摇了摇头，这个时候，其中一个大男孩冲着王亮吼道："不玩儿也得带我们去，走！"

王亮站在原地没有走，想了一会儿，他记得妈妈说过，这样的人很可能就是坏人，那么他们一定怕人多，所以王亮说："今天不行，我妈妈今天过生日，家里有很多人。我亲戚们都在家，我不好带你们回家玩儿，明天好吗？明天我爸爸妈妈都出差，你给我变形金刚，我明天带你们去。"

大男孩听了王亮的话，点点头，说明天在这里等。

回家后，王亮把今天的事情告诉了爸爸，爸爸一听就觉得那群男孩肯定是居心不轨，随即报了警。第二天，警察在男孩们与王亮约好的地方将他们抓获，原来这群男孩已经连续利用这种方法入室抢劫多次了。

方法三：教男孩掌握一些应变未知事情的技巧

男孩小的时候，遇到突发的事情不知道如何应对是很正常的事情，这就要求父母平时应多教男孩一些应对未知事情的技巧。比如，告诉他如果放学后突然下大雨，应该找一处地方避雨；如果父母不在家又进不了家门，就可以先到哪个亲戚或邻居家做作业，并且要将在哪个人家、联系电话等情况告诉自己的父母，以便父母能及时找到他……

专家教你男孩怎么养

父母如何培养男孩的应变能力？

第一，让男孩在制订计划的同时，就想好如果事情有变该如何应对。

第二，耐心地与男孩一起分析突发事件的原因，并帮助男孩一起寻找解决的办法。

第三，在教给男孩一些应对突发事件的技巧的同时，也应摆正男孩的心态，要让他把应变能力与说谎、骗人区分开来。

第七章

没有笨孩子，每个男孩都能成为学习高手

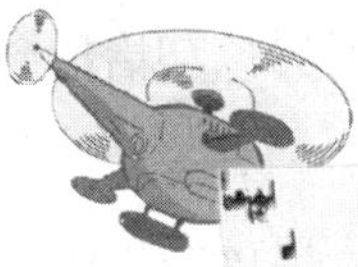

有的男孩对学习不怎么感兴趣，但事实上，他们身上却隐藏着巨大的潜力……

只要他们愿意，他们也能学会自主学习；

只要他们愿意，他们就能成为数学天才；

……

但前提是，父母得让男孩肯学、愿意学，并引导男孩用正确的方法去学习。

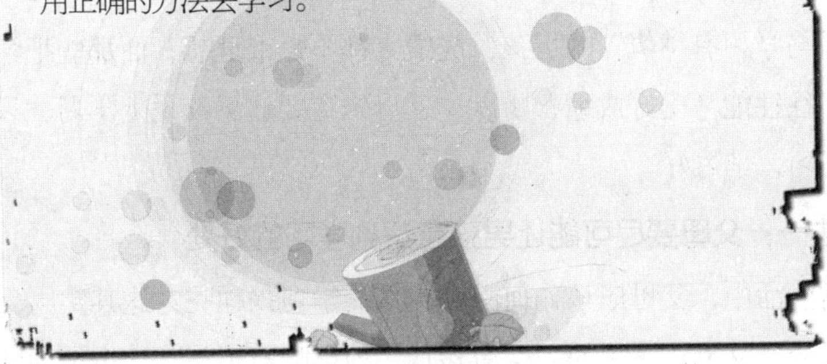

学习真有趣——教男孩发现学习的乐趣

提到兴趣，男孩总是能说得滔滔不绝，什么汽车模型、玩具模型、超人、篮球……但很少有男孩会把学习当成自己的兴趣，相反，男孩常常一提到“学习”两个字就会表现得极度厌烦。

其实，男孩不愿意学习，甚至厌恶学习，这并不能全怪他们，有时，学习的状态的确与男孩的某些天性相抵触。学习需要长时间地保持一个状态，而男孩的天性却非常好动，注意力也极易分散；学习需要足够的耐心，但男孩却恰恰缺乏耐心……

那么，是不是男孩就真的没有办法好好学习呢？当然不是，男孩的思维更加敏捷，逻辑性更强，所以，理科学习对他们来说相对容易一些；男孩喜欢竞争，他们会为了超过班上的某个同学而努力学习；男孩喜欢探索、创新，而这些也会为他们的学习提供帮助……

所以，聪明的父母应该提前发现男孩的强项，恰当地引导男孩的强项，让男孩把学习当成一种兴趣。

给男孩父母的建议

那些与学习有“仇”的男孩，成绩大都不是很理想；而那些把学习当成兴趣的男孩，往往能考出好成绩，所以，父母一定要让男孩爱上学习，只有这样，他才能好学习，学习好。

方法一：父母要尽可能让男孩意识到学习的好处

日常生活中，父母应该如何激励男孩的学习兴趣呢？这其实与父母的言传身教密不可分。父母对学习的兴趣潜移默化地影响着男孩，这也是为什么那些书香门第的男孩大都比较爱学习的原因之一。

所谓“言传身教”，就是尽可能地让男孩意识到学习的好处。

俗话说得好：“近朱者赤，近墨者黑。”如果男孩都不曾见过父母学习的身影，那么，父母在要求男孩努力学习的时候，他就会反问父母："你都不学习，干吗要我学啊？"反之，如果父母非常热爱学习，那么，男孩自然而然就会主动投身到学习中去了。

方法二：帮助男孩找到最佳学习时间

在一天当中，每个人都有自己的最佳时间段，在这个时间段中，他的精力最充沛、学习能力最强，对于男孩来说更是如此。在男孩状态最好的那段时间督促他学习，不仅可以提高他的学习效率，还可以让他爱上学习。因此，父母都应积极地发现男孩的最佳学习时间。

那么，父母应该如何去发现男孩的最佳学习时间呢？父母不妨让男孩把每天做的每件事的开始时间和结束时间都记下来，一周后，与男孩一起研究他记录下来的时间表，每天效率最高的那段时间便是他的最佳学习时间了。

方法三：将游戏融入男孩的学习中

我们都知道男孩小的时候注意力分散、坐不住，父母不妨帮助他找到最适合自己的学习方法。

李维上三年级了，他的数学成绩一直很好，可英语却总是不及格，对此他的爸爸非常担忧。后来，他发现李维之所以英语成绩不好，多半是因为不太擅长背单词，也静不下心来仔细地背。于是，李维的爸爸就想出了一个办法，买了一个英语赛车软件，和儿子一起比赛。这款软件可以放在电视上使用，只要输入对了屏幕上出现的英语字母就能获得加速的特权，反之，输入错了就会被减速 3 秒钟，为了能够赢过爸爸，李维开始努力背单词，对英语学习的兴趣也逐渐增加，现在他的英语成绩已经越来越好了。

任何男孩都会对游戏充满兴趣，因为他觉得游戏好玩儿，游戏的时候能够让他感到轻松。同样的道理，如果父母能够把学习这件事也变成好玩儿的事，他往往会像热衷玩游戏一般去学习的。

其实，让男孩爱上学习并不难，关键是要看父母怎么去引导男孩。爱玩儿是每个男孩的天性，父母可以巧妙地利用这一点，将游戏带入学习中，以此来激发男孩对学习的兴趣。

专家教你男孩怎么养

父母如何引导男孩爱上学习？

第一，把学习“游戏化”，让男孩在游戏中边玩儿边学。

第二，帮助男孩找到最好的学习方法，引导他高效学习。

第三，父母在男孩面前做个爱学习的人。

变被动为主动——引导男孩学会自主学习

生活中，很多父母都比较重视对孩子的教育，其中，辅导男孩就成为教育男孩的一项重要内容。对于男孩的作业，父母的要求往往比老师还严格，经常男孩一写完作业父母就马上进行检查，发现哪个方面存在问题，就马上让男孩重做。父母的这种做法，也很容易获得男孩的认可，因为经过父母的检查之后，他能轻松地得到“优”，但是这样做最终会给男孩带来哪些后果呢？

奇奇在学校里很善于与同学相处，也比较喜欢参加学校组织的各种活动，劳动也很积极，在班上担任体委。唯一的不足便是对学习兴趣不高，上课注意力不太集中，经常走神儿，课后不愿意做作业，为了逃避作业，经常和父母说谎。

奇奇的父母平时工作不是很忙，尤其是奇奇妈妈，她把大部分精力都用在了孩子身上。于是从奇奇上幼儿园起，就给他选择了最好的幼儿园；到了奇奇上小学时，奇奇妈妈又托人给他选择了最好的小学、最好的班级；从奇奇上一年级起，奇奇妈妈又给他报了英语班，开始系统学习英语。奇奇妈妈经常说的一句话就是“我不能让我的儿子输在起跑线上”。

自从上学第一天起，奇奇妈妈就每天晚上陪儿子做作业，做完了妈妈负责检查一遍，稍有错误，便会严厉批评，责令奇奇立即改正：在妈妈眼里，容不得奇奇有一点儿错误和缺点。三年来，妈妈一直很辛苦，白天上班，晚上除了做家务外，还要陪孩子做作业、帮忙检查作业。为了准确无误地辅导孩子，奇奇妈妈买了各科的参考书，利用一切可能的时间抓紧学习，就连周六周日也是这样。也正因如此，奇奇都上三年级了，还不能记全老师留的作业。每天，奇奇妈妈总要打电话问奇奇的同学，或者亲自跑到教室替奇奇记作业。最近一段时间，妈妈接二连三地接到学校各科老师的电话，反映奇奇上课走神儿、不完成作业、说谎等。奇奇妈妈很不理解，为什么自己这么精心培养的儿子在学习方面表现得这么差？难道是自己的教育方法出现了问题吗？

有相当一部分孩子对父母依赖性很大，不会自主学习。如果父母在无意识的情况下，让男孩养成了依赖的坏习惯，这对他的成长是非常没有好处的。

学习能力对于男孩来说是一项最基本的能力。如果孩子不能自主学习，那么，父母要先从自身找原因，找准问题的症结，再寻找有效的解决途径，培养孩子良好的学习习惯，提升孩子自主学习的能力。

给男孩父母的建议

父母在外工作劳累了一天，晚上回家后还要督促男孩做作业，给男孩检查作业，没想到竟会给男孩带来不良影响。那么，父母如何培养男孩的自主学习能力呢？

方法一：把错误留给男孩自己去挑

一个每次作业得“优”的男孩，在一次测试中竟然考了不及格，于是老师找来这个男孩谈话：

“你每天的作业都是怎么做的？”

“我每天回家就做作业，因为妈妈规定要做完作业后才能上网玩游戏，所以我每天作业做得都非常快！”

“你做得那么快不怕出错吗？怎么可能保证天天都得‘优’呢？”

“我不怕，因为妈妈会给我检查作业，她会帮我指出我错了的问题。”

“那遇到不会的问题怎么办？”

“我就去问妈妈，我一问，她就会告诉我怎么做。”

“然后你就会做了？”

“当时非常明白，可是以后再遇到这类问题还是有些不大清楚，但到时候可以再问妈妈，她还是会告诉我的。”

“这次考试，你做错了很多题，还有一部分空着没写，这是为什么？”

“我自己也看了一下，做错的题大都是因为没有仔细检查造成的。因为平时做完作业都是妈妈帮我检查的，而空着的题我也有印象，感觉之前做过，可就是想不起来具体的解法了。”

每对父母都是从“为男孩好”的角度出发的，但最终的结果却常常令父母失望。如果父母把男孩的错误都挑出来，会养成男孩懒惰的坏习惯。因为男孩知道，反正有父母给他检查，所以做起作业来就会更加粗心大意，这也是为什么父母越是细心地帮助男孩检查作业，男孩作业中出现的错误就会越多的原因。

因此，父母应该让男孩自己去承担后果，当他因为马虎被老师批评以后，他肯定会意识到自己的错误，并努力去改正错误。

方法二：让男孩养成独立学习的习惯

父母陪同男孩一起做作业、学习，还会降低男孩独立思考的能力，当男孩遇到比较难的问题时，他在心里就会主动放弃而去寻求父母的帮助。这样，即使父母把解决问题的方法告诉男孩，当他再遇到类似的问题时，依旧不会做。

下面是一位爸爸的亲身经验：

我儿子上三年级了，他的学习成绩一直很好。

从儿子上小学那天开始，我就有意识地告诉儿子，做作业要认真、不要赶时间，并且从未干涉过儿子的学习过程。有时候我看到儿子遇到了不懂的难题或因为马虎而受到了老师批评，我也很心疼，但我从未想过像很多父母那样帮他检查作业，而是鼓励他自己再多点儿耐心和细心。

此外，我还经常鼓励儿子要独立思考问题，并鼓励他通过自己的努力去找到解答问题的方法。一次，我对儿子说：“儿子，你知道为什么在一杯水中放入一条红色的金鱼，水就会溢出来，而放入一条黑色的金鱼，水就不会溢出来吗？”

“会不会和颜色有关，或者黑色金鱼有着红色金鱼没有的功能？”儿子好奇地问。

“或许吧，不过如果你想知道原因，不妨自己去动手实践一下。”

儿子找来了杯子，注满水后，把黑色的金鱼放进去，结果水溢了出来，他就跑过来对我说："爸爸，你骗人，放入黑色的金鱼，水也会溢出来的！"

现在，我儿子独立思考的能力和动手实践的能力都特别强，这才是我想要培养的男孩。

与上面给孩子检查作业的父母相比，这位爸爸的做法就明智多了，他重点培养了男孩独立思考和动手实践的能力。

父母是希望男孩依赖自己，还是希望他能像上文故事中的男孩一样，有能力、善于独立思考、自信呢？相信父母一定会异口同声地选择后者。其实，要想让男孩成为一个能够自主学习、独立思考的人并不难，只要你放开手，让男孩自己去实践、去经历、去成长即可。

专家教你男孩怎么养

父母如何培养男孩的自主学习能力？

第一，不要陪读，让男孩自己做作业，自己检查作业。

第二，鼓励男孩自己动手实践，验证书本中的内容。

让男孩为自己制订一个短期学习目标

许多男孩的父母在教育男孩的时候，都会告诉他："如果你现在不好好学习，那么你长大后就不可能成为科学家！"这个时候，他马上就回复父母说："我现在不想当科学家！"

也许，这个男孩曾经想当科学家，但是随着时间的推移，来自学习上的压力和挫折，让他渐渐地放弃了当科学家的理想。所以，在这种情况下，太过长远的目标对于缺乏耐心的男孩来说就成了一块绊脚石。

一天，男孩闷闷不乐地坐在客厅中，爸爸走过来问他："为什么不高兴？"

"我感觉我当不了科学家，我的数学成绩特别差，这次我是全班最后一名!"

"儿子，考最后一名其实并不一定是坏事啊，没准它恰恰能让你成为科学家呢！"

男孩吃惊地看着爸爸："爸爸，您怎么了？"

爸爸说："我没事，你想想看，一个跑在最后的人能有什么负担呀？你不用担心别人会超过你，你只管向前跑，肯定会有进步的，是不是？"

男孩听了很感动，也大受启发，他告诉爸爸："谢谢爸爸！我知道该怎么做了。"

爸爸接着问他："那你准备下次考试前进多少名？"

男孩说："我要提高10名！"

爸爸鼓励他说："儿子，我相信你！爸爸对你要求不高，你下次能提高两名就行，能做到吗？"

男孩高兴地答道："爸爸，放心吧，我能做到！"

在下次考试中，男孩果然进步了，而且前进了12名，数学成绩也得到了大幅度提高。爸爸大力表扬了他一番，鼓励他争取下次考试前进5名。就这样，爸爸切合实际地给男孩制订了一个一个的短期目标，到期末考试的时候，男孩已经是班级前20名了。

从上面这个故事我们不难看出，为男孩制订短期目标的好处。

太长远的目标不利于激励男孩前进。父母有必要帮助男孩把长远目标分解成好实现的短期目标，以促进他不断努力和进步。而当男孩完成了短期目标后，父母应给予男孩一定的鼓励，增强男孩的成就感，这样能促使男孩更加努力。

给男孩父母的建议

短期目标可以有效地激励男孩努力学习，那么，生活中，父母应该如何引导男孩为自己制订短期目标呢？

方法一：对男孩的学习做出宽容的评价

父母在给男孩制订短期目标的时候，一定要记得对男孩的学习现状表示宽容，以免打击男孩的进取心。

夏新的成绩一直不理想，为了帮助夏新提高自己的成绩，爸爸决定给他制订一个短期的学习目标。在分析了夏新的学习现状后，爸爸发现，他现在的学习状况真的很差，但是为了不打击儿子的积极性，依然鼓励儿子说："儿子，现在爸爸已经对你的学习状况基本了解了，虽然你的成绩并不是很好，但是爸爸看得出，你还是很有潜质的，尤其是在学英语方面，我觉得你很有天分！"

"真的吗？"夏新半信半疑地问爸爸。

"当然了，儿子，你要相信爸爸，现在你用一个月的时间去背诵课本上的单词，我相信，这个月的月考你一定会有很大的进步的！"

夏新在爸爸的鼓励下，重新燃起了对学习的渴望，夏新努力背诵英语单词，果然在月考中夏新第一次及格了，他高兴地把这个消息告诉了爸爸。

方法二：学习目标不能太高，也不能太低

给男孩制定目标时，要考虑男孩的实际情况和学习能力，综合各种因素，制订出符合男孩个人特点的目标，不能太高也不能太低，让男孩量力而行。如果目标定得太高，会使男孩因害怕达不到目标而丧失信心；而目标太低又不能满足男孩的成就感，不足以激发其学习积极性。所以，最初制定的目标要稍低一些，慢慢逐渐提高。比如，要求男孩一个星期阅读一本课外读物，过一段时间，等男孩适应后，再适当增加学习量，酌情提高难度。只有制订出适合男孩的目标，他才能一点一点去实现，否则会适得其反。

方法三：把目标写在纸上，让目标视觉化

为了让男孩时刻充满动力，朝着短期目标不断地努力，父母还可以要求男孩把目标写在纸上，让目标视觉化，这样一来，目标会更明确，男孩的信心也会更足。一个目标实现以后，再把下一个目标写上，这样可以帮助男孩尽快实现每一个短期目标。

专家教你男孩怎么养

父母如何正确为男孩制订短期学习目标？

第一，实事求是，一定要从男孩的实际情况出发为他制订短期目标。

第二，不要太看重结果，而应多重视男孩实现目标的过程。

训练男孩的理解能力——教他灵活学习

李嘉明拿着考试卷悻悻地走回家，到了家，他沮丧地对妈妈说：“妈妈，这次语文我考得很差。”说着，把考试卷递给了妈妈。

妈妈看了一会儿卷子说：“这道题你以前不是做过吗？怎么换了一种说法就不会了呢？”

相信很多男孩在学习过程中会遇到这种情况——考试时，很多题目曾经做过，可换了一种说法之后，就不明白题意了；每晚复习，可一看起书却无从下手；上课时，老师讲的内容听不懂，课后经过老师答疑稍有明白，没过多久，再次进入迷茫的状态……这些情况往往说明，孩子没有掌握理解的方法。

因此，父母若想男孩学习好，就必须着重培养男孩的理解能力，只有更好地理解，才能更好地掌握所学的知识。

给男孩父母的建议

理解能力很大程度上决定了男孩学习成绩的好坏，那么，父母应该如何提高男孩的理解能力呢？

方法一：让男孩养成阅读的习惯，丰富其词汇量

要想提高男孩的理解能力，父母首先应该根据男孩的年龄段，为男孩选择适合的读物。

对于年龄很小的男孩来说，刚开始阅读、记词汇的时候需要慢一点儿，父母应该为他买一些以图画为主或有拼音注解的少儿童话故事，让孩子的语言感受性得到初步的提高。

明野8岁了，是父母眼中典型的“皮猴子”，每天妈妈追在明野后面让他安静下来读会儿书，可明野坐不上10分钟就又做起别的事情来了。

爸爸知道这件事后，给明野制订了严格的读书计划，告诉明野如果每天不读书40分钟，就取消他所有的零花钱。为了自己的零花钱，明野只好乖乖地坐着读书，为了让明野真正地读进去，爸爸还带着明野去书店选书，只要是有教育意义的，明野的爸爸都会买给他，并要求他每次读完书后都要写一篇小小的读后感。

久而久之，好动的明野养成了读书的好习惯，而且每次读完书，他都会在笔记本上写一篇读后感。

一般情况下，父母只要求男孩每日读书半小时左右就可以了，不过，父母一定要督促男孩坚持下来，这样男孩才能养成良好的阅读习惯，也才能有机会体会语言的奥妙，增强对语言的理解能力。

方法二：通过一些语句引导男孩理解语言文字的内容

生活中，父母在为孩子介绍新知识的时候，不妨尽量向他解释明白，让他凭着自己的理解能力去接受。当孩子习惯思考的时候，他的理解能力、接受能力就会在不知不觉中得到加强。反之，孩子习惯于被动的接受方式，着重于机械式的死记硬背，对接触的事物半知半解，长此以往，很容易养成依赖和懒惰的坏习惯，对事物的理解浮于表面，对所学知识不能灵活运用。

平时，父母可以通过一些字句或者问题帮助男孩来理解。比如当男孩读完一篇文章后，父母可以询问男孩有关文章内容的问题，如里面一共有几个人物，故事中讲的是哪个季节的事情，那个季节的气候是怎样的……在学习过程中，父母也可以对男孩学过的课文、课外读物中的故事进行提问，帮助男孩理解和感悟语言文字，提高男孩的理解能力。

专家教你男孩怎么养

父母如何提高男孩的理解能力？

第一，增加男孩的词汇量和阅读量。

第二，保证男孩每日有固定时间用于读书，并要求男孩写读后感。通过写读后感可以让男孩的理解能力得到训练。

第三，多向男孩提问，父母可以根据男孩所学的知识或课外读物中的故事问男孩一些问题，提高他的思考能力和理解能力。

发挥先天优势——如何提高男孩的数学能力

生活中大部分男孩都比较喜欢学习数学，也愿意主动去学习，可他们的数学成绩还是让父母忧心忡忡，那么，父母如何提高男孩的数学能力呢？

给男孩父母的建议

生活中，只要父母正确引导，男孩的数学优势就会被挖掘出来。那么，具体都有哪些方法呢？

方法一：培养男孩学习数学的兴趣

男孩数学能力的下降，环境因素及心理因素不容忽视。目前社会、家庭、学校对学生的期望值普遍过高。男孩的心理承受能力较差，加上数学学科难度大，因此导致他们的数学学习兴趣淡化，能力下降。因此，老师要多关心男孩的思想和学习，经常同他们平等交谈，了解其思想上、学习上存在的问题，帮助其分析原因，制订学习计划，消除紧张心理，同时，要求父母能以积极的态度对待男孩的数学学习，要多鼓励少指责，帮助他们卸掉沉重的思想包袱，轻松愉快地投入到数学学习中。

方法二：培养男孩的逻辑思维能力

逻辑思维能力是男孩学习必须具备的能力，也是男孩判断事情、思考事情必需的能力。如果父母想要提高男孩的数学成绩，就必须想办法提高男孩的逻辑思维能力。

一次，爸爸买回来一袋新的大米，对男孩说："儿子，这袋大米重 25 千克，你能猜猜这袋大米大概有多少粒米吗？"

"怎么可能，这么多大米，数几天也数不清楚啊！"儿子不满地说道，以为爸爸是在跟自己开玩笑。

"怎么不可能呢？你不信，爸爸现在做给你看，我们先称一点儿大米，然后算出这部分大米的数量……再……"还没等爸爸说完，男孩就兴奋地对爸爸说：

“我知道了，再用总重量除以这部分米的重量，最后用它们的商乘以这部分大米的数量，就能计算出来了，对吧？”

“没错，儿子，你真聪明！”

就这样爷儿俩先称了50克大米，计算出了大米的数量，很容易地就算出了这袋大米的大概数量。

如果生活中的父母也能够像故事中的爸爸那样引导男孩去分析、判断、推理，那么男孩的思维能力一定会得到发展，而且他还会更加喜欢数学。

专家教你男孩怎么养

父母如何帮助男孩发挥数学优势？

第一，父母用孩子在日常生活中经常接触到的事物，讲解一些简单的数学概念和知识，为孩子今后实现由形象思维向抽象思维的转变做些必要的准备。

第二，在游戏时，父母顺便提及一些有趣的数学概念和知识，给孩子留下一些悬念，以引起他的好奇心和求知欲。

纠正男孩偏科的现象——引导他全面发展

有的男孩不怎么喜欢语文和英语，按男孩自己的话来说就是：“那些复杂的句子和语法总是让我头痛，所以，我更喜欢学习数学！”于是，不少男孩干脆放弃了语文和英语，专门学习数学，这也就导致他们出现了偏科问题。

现在的社会，竞争如此激烈，每对父母都希望把男孩培养成全面发展的人，那么，父母究竟应该如何矫正男孩的偏科问题呢？

父母应该知道，偏科其实是一种心态问题，不少男孩不愿花时间学习自己不感兴趣的科目，久而久之就对这个科目产生了恐惧和排斥心理，成绩自然也好不到哪儿去。因此，对于偏科的男孩来说，父母首先应解决的是男孩的心态问题，只有这样才能有效地纠正男孩偏科的问题。

给男孩父母的建议

那么，在克服了偏科的认识问题之后，在学习方法上应该注意些什么呢？

方法一：帮男孩制订一份学习时间表

学习是一个循序渐进的过程，父母在纠正男孩偏科的问题上，更应该遵循这个规律。因为事实证明，凡是一个人不擅长或不感兴趣的科目，如果一开始就投入太长的时间，势必会引起更多的烦躁与厌恶之情。正确的方法是父母按照学习目的帮助男孩制订一份学习时间表。比如今天只复习某一科的某一小节，一般半小时为佳，若男孩在这半小时内轻轻松松搞定了此小节的内容，父母就可以让男孩学习别的科目。这样一来，男孩对学科的兴趣就会慢慢建立起来。此外，父母也可以让男孩强弱学科交替学习，这样不会让男孩感到太枯燥。

方法二：激发男孩对弱科的兴趣

男孩对某一学科感到厌烦，多半是因为没有兴趣，而造成这个现象的原因往往在于男孩这个学科的成绩不理想，此时，父母若想培养男孩对这个学科的兴趣，首先应做的就是重塑男孩对这个学科的信心。

那么，父母应该怎样重塑男孩的信心呢？一般来讲，父母可以先让男孩做一些这个学科内比较简单的题，男孩做起来很容易，这样他就会觉得自己是能学好这个学科的，信心也会大增。然后，父母再相应地提高一些难度，并适当地教给男孩一些正确的方法，那么，用不了多久，男孩的弱科就会变成他的强科。

小贾 13 岁，他的英语成绩特别的差，有时小贾也觉得自己天生就不是学英语的料，于是干脆不学了。爸爸得知这件事后，主动找来小贾谈话，鼓励小贾再试试。在随后的日子里，爸爸找来了很多初级阶段的试题给小贾做，并买了一些比较浅显的英语读本给小贾，小贾发现自己这些题都会做，而且爸爸买来的读本也都能读懂，渐渐地，他觉得自己也挺适合学习英语的，就主动复习英语课本。爸爸看到了小贾的变化后，逐渐给小贾增加了难度，就这样一点点地累积，到了年底，小贾的英语成绩突飞猛进。

方法三：端正男孩对自己优势科目的态度

生活中，有一部分男孩对自己偏科的问题不够重视，原因在于他们别的科目成绩过人，存在很大的优势。而不少父母也因为错误的教育方式纵容了男孩的这种态度，他们常常在男孩的面前这样说："我儿子数学成绩特别好，又是年级组前五名，虽然语文成绩不好，但语文好学，以后再补也来得及，数学可是要从小打好底子的！"

正是因为父母的这种态度，使得男孩不在乎偏科的问题，这对男孩的学习与今后的成长都是无益的。因此，父母若想男孩健康地成长，拥有良好的学习成绩，在未来的社会中立于不败之地，就应首先端正男孩对自己优势科目的态度。

专家教你男孩怎么养

父母如何纠正男孩偏科的问题？

第一，调整心态，树立信心。男孩出现了偏科问题，父母不要太着急，自己先把心态放好，然后教育男孩不要自卑。

第二，培养兴趣。爱因斯坦说过："兴趣是最好的老师。"浓厚的学习兴趣、强烈的求知欲，是男孩取得好成绩的关键因素之一。

第三，端正男孩对自己优势科目的态度。

勿以成绩论成败

生活中，大多数父母都比较关注男孩的学习成绩，特别是每次大考的成绩，期待男孩都能考好。实际上，这种对待男孩成绩的态度和行为存在严重的错误，不但不能成为男孩努力学习的动力，还会打击男孩学习的积极性，甚至导致男孩厌学。

一般来说，父母对男孩分数认识的误区有两个：一是片面夸大分数的功能，以分数高低作为判断学习优劣的唯一标准；二是机械地、片面地分析分数，父母一看男孩的成绩差，就说他一无是处，忽视了对男孩其他方面的培养，忽视了男孩的个性差异和能力差异的客观现实。

李昊是个学习成绩非常好的男孩，因为成绩好，家里所有的人都对他抱有很高的期望。有时爸爸对他说："只要你考上重点高中，我就给你买一个你想要的手机。"有时妈妈对他说："这次期末考试如果拿第一名，就给你买最新的山地自行车。"有时爷爷奶奶也会凑热闹，给李昊"学习经济补助"……

父母太过重视男孩的分数，无疑会给男孩带来诸多负面的压力，这也是学习成绩差的男孩越学越差的原因之一。此外，还可能导致男孩为了满足父母的要求而考试作弊甚至涂改分数欺骗父母，对男孩今后的发展非常不利。

给男孩父母的建议

生活中，父母常常根据男孩的成绩把他们划分成三六九等，男孩成绩好，就是父母的宝；男孩成绩不好，父母就对他又打又骂。事实上，这些做法不但不能提高男孩的学习成绩，而且对他今后的成长也是非常不利的。

其实，每对父母都应该用平常心来对待男孩的学习成绩，那么，具体应该如何去做呢？

方法一：多关注男孩学习的过程

一位小学五年级男孩的爸爸说："对于儿子的考试成绩，我历来是不关注的。

我很佩服儿子，我看他做的作业、考的试卷都是带着一种欣赏的眼光。他写的数学卷子特别干净、整洁。儿子喜欢阅读，写的文章既生动有趣，又充满了真情。所以，我不关注结果，只欣赏过程。我感受着儿子的成长给我带来的无限快乐。”

一个在宽松的环境中长大的男孩，往往具有很大的创造性，他能够在父母的教育中感受到父母对他的尊重，他不需要父母的督促，就能很好地学习。因此，聪明的父母不妨在学习上多给男孩一些自主性，多关注一下过程，少重视一下结果，也许男孩会给你带来更大的惊喜。

方法二：多发现男孩成绩之外的闪光点

一位上初一的男孩的妈妈在讲教子经验时这样说道：“我儿子的成绩一直不上不下，特别是儿子的数学成绩更是让我不敢恭维。但我并没有强迫他去学习或者给他报补习班什么的。儿子喜欢看书，我就给他买了大量的课外书阅读，他积累的知识越来越广泛，在日常生活中他还细致观察各种事物。有一次，妈妈问我有关海啸的事情，说实话我都没有怎么关注这个，而儿子却给姥姥说了很多，这令我十分惊讶。”

成长比成功更重要，能力比学习更重要。父母要多发现男孩身上的闪光点，培养男孩的全面素质，这要比考试成绩重要得多。

专家教你男孩怎么养

父母如何正视男孩的学习成绩？

第一，理性看待考试的意义。

第二，留给男孩时间让他自己解释考试失利的原因。

第三，对男孩的成绩持宽容的态度。

第八章

财商教育，给男孩富足的未来

男孩的零花钱究竟该给多少？

如何才能让男孩具备商业投资头脑？

怎样才能让男孩明白钱来之不易，学会节省？

在不同的阶段，应该如何培养男孩的理财意识？

……

无数事实证明，男孩从小就接受理财、财商教育，将更有利于他今后的发展，有助于他实现人生的梦想。因为，理财能力是每个人必备的素质，父母在男孩小的时候就有意识地培养他的理财能力，提高他的财商，将直接关系到他一生的幸福与发展。

金钱是把双刃剑——摆正男孩对金钱的认识

从男孩懂事起，他就知道有一种东西叫作“钱”，而钱可以满足他的需求，比如用来买吃的、玩儿的。随着男孩年龄的增长，他对钱的认识会逐步提高，他知道钱不再是单纯的纸币或者硬币，而是一种可以满足他多种需要的东西。这个时候，父母应该及时地教给男孩一些金钱知识，让男孩正确地认识金钱。

李亚男5岁了，一天，妈妈问他长大以后的理想是什么，没想到小家伙竟然说：“我长大后想要很多很多钱！”

“儿子，你为什么想要很多钱呢？”妈妈又问。

“因为我要买很多东西，好玩儿的、好吃的，还有小东每天看的漫画书……有了钱我才能快乐地生活。”

妈妈听着儿子的话，没有说话，心里却开始反思起来，儿子这么小，却已经把大部分精力都放在了购买欲望上，想要很多钱也只是为了满足自己的欲望，想到这里，妈妈又对儿子说：“儿子，钱不是万能的！生活中的很多快乐都是钱买不来的！”

事实上，类似的问题，大部分父母都遇到过，却很少有父母重视，其实，当男孩说出类似的话的时候，就意味着你要对男孩进行必要的金钱教育了，让他正视金钱。

给男孩父母的建议

金钱教育对于当下的男孩来说非常重要，父母应提早对男孩进行金钱教育，摆正男孩对金钱的认识，培养男孩树立正确的金钱观。下面我们就来看看父母可以从哪些方面摆正男孩对金钱的认识：

方法一：别用“买不起”拒绝男孩的要求

现实生活中，我们有时听到父母在拒绝男孩的购买要求时这样说：“这个不买，我没有钱，买不起。”事实上，也许你的确买不起，但更多的可能是你不想把钱花在不应该花的地方，不想娇惯男孩，那么，你为什么不把不买的真实理由告诉男孩呢？所以，下次再拒绝男孩的购买要求时，不要再以“买不起”为理由，而是应该坦白告诉男孩不买的理由。

方法二：引导男孩了解自己花的钱

很多父母总是对男孩说“你花了很多钱”，但事实上男孩并不知道自己花了多少钱，久而久之，还会对父母产生逆反心理，认为父母吝啬，不舍得给自己花钱。其实，父母应该清楚地让男孩意识到自己花了哪些钱，无论是一块小小的橡皮还是一个冰激凌，父母都应该把花销的明细告诉男孩，久而久之，他也就能明白，为什么自己可以轻松买到一根雪糕，而买一个篮球却要等上一段时间才能买到。

此外，很多父母逛完超市回家后都会自己对账单，此时，你不妨把账单交给男孩，并对他说：“来，小男子汉，帮我对一对今天的账单，看有没有算错的，再看看上面的价钱！”

一般来说，男孩都很乐于做这件事，因为他觉得这是父母分配给自己的任务，是信任自己的表现。这样一来，男孩在对账单的过程中就很容易了解到家庭的日常开销情况，并能清楚地了解到自己花了哪些钱。

专家教你男孩怎么养

日常生活中，父母如何教育男孩摆正对金钱的认识？

第一，正确地引导男孩，尽量不要总是在男孩面前说“买不起”“如果有钱就好了”“有了钱咱们会更幸福”之类的话，以免误导男孩：只有有钱才能幸福。

第二，清楚的账单分析法，无论购买多么小的东西，父母都应该让男孩知道他花了多少钱，从看账单让男孩正视自己的花销，从而对金钱有一个正确认识。

男孩的理财观念要从小开始培养

虽然，大部分父母已经意识到理财对男孩的影响，但我们还是时常能听到这样的话：

“我儿子太小了，他连钱是什么都不知道呢，现在理财还太早了。”

“小孩子的世界很单纯，过早地让他接触金钱，会不会让他变得庸俗？”

“我反对给孩子零花钱，让他自己去消费，那样会养成孩子乱花钱的坏习惯。”

随着年龄的增长，孩子不可避免地要与钱打交道，特别是接触社会之后，理财能力的高低，直接影响到他今后的生活质量。

尤其是对于男孩来说，因为他要成长为一个要承担很多责任和义务的男子汉，社会所要考验他的，不仅限于智商、情商，还有财商。

从孩子 3 岁起，欧美国家的父母就开始给孩子上有关理财的课程，等孩子约 8 岁时，便会为孩子建立独立账户，让孩子自己管理自己的账户。而在美国，当孩子年满 10 岁后，他们大部分的零花钱都是靠自己的劳动换来的，有的可能是帮助邻居照看孩子得来的，有的则可能是帮助父母修草坪得来的……

但是，在中国，大部分 10 岁以上的男孩还尚未建立金钱意识和劳动意识，他们大都不会想办法通过自己的劳动赚取零花钱，而是多半伸手向家人要钱。

所以，父母一定要从小培养男孩的理财意识，把财商教育尽早提到教育男孩的日程上来。

给男孩父母的建议

培养男孩的理财能力是一个循序渐进的过程。父母对男孩进行理财教育，应遵循其智力发展的规律，按照其年龄阶段的不同，采取相应的方法。一般来讲，根据男孩年龄的不同，培养他们的理财能力主要有以下三种方法：

方法一：让男孩形成正确的金钱意识

5 岁前的男孩，受年龄的限制，他们大都无法理解抽象的概念，只对具体的东西感兴趣。因此，此阶段的男孩父母应该传授给孩子一些相对简单的金钱知识。

如果父母因为孩子的哭闹或者央求，就心生不忍，从而满足孩子的无理要求，那么，这种妥协就会接二连三地发生，这样做对男孩来说是一种变相的伤害。

此外，父母在对男孩进行理财教育时，要循序渐进，符合孩子的认知水平。

方法二：教会男孩理智消费

下面是一位妈妈的教子经验：

我的儿子9岁了，从他7岁起，我就开始按月给他零花钱，并且为他买了一个小账本，告诉他要把每天的花销都记在上面，即便是买了一块橡皮也不能落下。就这样，每个月我在给他零花钱之前会翻看他的小账本，并且和他一起分析上面哪些该买哪些不该买，让儿子有意识地省钱、存钱，学会理财。

一般来讲，6岁以后的男孩主动性会增强，这主要体现在他会向父母提出一些要求，比如，想要购买一件上衣之类的要求。因此，在此期间加强对男孩消费观念的教育尤为重要。此外，多带孩子去银行，让孩子看看自己是如何开户、存钱、投资购买基金的，这样，久而久之，孩子也能学会利用银行进行储蓄，甚至是投资理财。

专家教你男孩怎么养

生活中，父母如何帮助男孩提高财商？

第一，让男孩形成正确的金钱意识。

第二，教育男孩养成理智的消费观。

第三，适当地培养男孩的投资意识。

告诉男孩钱是怎么来的

生活中的大部分男孩从牙牙学语开始，就学会了要这要那。此时男孩还不知道金钱到底是什么，在他们看来，金钱就像是从父母钱包里冒出来的一样，可以给他们买吃的、玩儿的，满足他们的需求。

因此，父母给男孩上的第一堂财商教育课，就应该告诉他钱是怎么来的。

欧阳函3岁了，父母准备送他上幼儿园，为了更好地培养欧阳函对金钱的认识，父母决定带上他一起去幼儿园交费。在幼儿园的缴费处，欧阳函歪着头问爸爸："这些都是我上幼儿园要花的钱吗？"爸爸没有像多数父母一样，不理会欧阳函的问题，或者干脆说："这不是你该管的事，你就好好上学就行了。"而是顺着欧阳函的问题，向他解释为什么要交这么多的钱，这些钱交给幼儿园后都用来做什么——比如，购买桌子、小床、水果、学习工具、玩具等。同时，爸爸还告诉他，这些钱都是爸爸妈妈辛苦工作赚来的，跟幼儿园的老师一样，只有工作才能获取金钱作为报酬。虽然只是一种简单的交谈，却让欧阳函知道了三个问题：第一，上幼儿园为什么要交钱；第二，钱是一种等价交换的媒介，只有工作才能获得，不是平白无故得来的；第三，他上幼儿园要花很多钱，而这些都是父母辛苦赚来的，所以自己一定要好好珍惜。

给男孩父母的建议

现实生活中，大部分男孩都不明白父母的苦心，常常在穿着上与人攀比，用父母的钱给自己撑排场。究其原因，在于父母没有及时地给儿子树立正确的金钱观，让他意识到钱来之不易。

的确，在孩子还小的时候，他们无法理解父母赚钱的辛苦，尤其是对那些生活条件优越的男孩来说，他们大都不懂得珍惜，无所顾忌地向父母提要求；因为不了解父母在外赚钱的艰辛，所以当父母拒绝他们的要求时，他们又会和父母争吵，还责怪父母太小气；因为从未体验过生活艰辛的一面，孩子感觉不到自己的生活有多幸福……

因此，父母一定要从小让孩子树立正确的金钱意识和消费意识，珍惜并尊重你们的劳动成果，养成节约的好习惯。

方法一：用暗示法让男孩明白你的辛苦

小凯非常想要一辆遥控汽车，经过再三央求，他的爸爸满足了他的愿望。小凯在广场上快乐地玩着，爸爸却不停地用手揉捏着自己的脖子。

玩儿了一会儿，小凯好奇地走了过来，问：“爸爸，你怎么不陪我玩儿啊？你为什么一直揉脖子呢？”小凯的爸爸叹了口气，说：“儿子，对不起了，爸爸不能陪你玩儿了，爸爸的脖子很疼，天天开出租车，得了颈椎病。你自己玩儿吧！”小凯说：“爸爸，那我们去医院看看吧。”

爸爸说：“儿子，去医院得花很多钱，我赚钱很辛苦的，这辆遥控汽车，就是我几个晚上坚持拉活儿才赚来的。”

小凯听完爸爸的话，低下头哭了：“我这辆遥控汽车一下就花了400元，还不如省下钱为爸爸看病呢，爸爸，我以后再也不乱花钱了，我攒钱给你看病……”

这位爸爸的做法非常值得父母借鉴，他不仅用暗示法让男孩清楚地了解了自己赚钱的艰辛，还激发了男孩的感恩之心。

方法二：在给男孩买东西前让他知道钱来之不易

李浩6岁了，看到别的小朋友都有钢琴，他也很想要，于是就整天缠着爸爸要钢琴。李浩的爸爸没有立即答应李浩的要求，而是在明确了儿子对音乐很有兴趣后，找李浩谈话：“爸爸知道你很想要一架钢琴，但一架钢琴至少也要一万元钱，爸爸现在没有那么多钱，但是爸爸答应你，我会努力工作攒钱给你买的，好吗？所以，你得等一等。”

很快两个月过去了，爸爸觉得给李浩买钢琴的时间到了。为了让李浩对1万元有感性认识，爸爸在刷卡买钢琴之前，特意告诉李浩，一架钢琴的费用相当于我们一家三口两个月的生活费……

就这样，李浩在爸爸的良苦用心下，理解了一架钢琴的价值。他不仅非常认真地练习钢琴，还非常爱护它。

这位爸爸的做法无疑是明智的。对于年龄不大的男孩来说，他对一件物品的价值没有一个清晰的概念，但当一大堆钱放在他前面的时候，他便能轻易地理解这件物品需要花费很多钱，这样一来，他才能更加珍惜、尊重父母的劳动成果，从中体会到父母养家的不容易，学会感恩父母。

专家教你男孩怎么养

父母如何正确地引导男孩，让他明白钱是怎么来的？

第一，在给男孩买东西前，让他明白钱来之不易。

第二，暗示男孩，让他知道父母赚钱养家的不容易。

学会记账——教男孩理财的第一步

现在经济条件好了，不少父母都会按月给儿子发放零花钱，让他自己去管理财务，但是很快，父母就发现月初刚发放完的零花钱，还没用几天就被男孩花光了。

那么，孩子的钱到底花在哪里了呢？父母应该怎么办呢？有一个方法值得尝试——教男孩记账。

我们来看看下面这位妈妈的教子经验：

儿子对钱没概念，给他的零花钱不是都浪费掉了，就是购买一些毫无用处的东西。那天，我回家后儿子走过来跟我说，没有零花钱了，可是算算日子，才给了他零花钱不到一周啊。怎么就没了呢？

到他房间随便转了一圈后，我终于明白了，儿子这一周光橡皮就买了 6 块，还有一些没用的小玩具，当我问他为什么要买的时候，他只是说看着喜欢就买了。听到儿子这么说，我突然意识到，光给他零花钱是不行的，还要教会他如何使用这些零花钱，于是，我决定教孩子学记账。

正如上面事例中的妈妈一样，她通过让孩子记账，给了孩子一个真正接触金钱的机会，让他逐渐产生节约意识和理财意识。

给男孩父母的建议

孩子的记账能力是慢慢培养的，如果能养成习惯，就能受用一生。那么，父母应该如何培养男孩的记账能力呢？可以参考以下三种方法：

方法一：给男孩准备一个记账本

父母可以帮助男孩建立一个消费小账本，帮助男孩理解支出、库存和收入等概念；告诉男孩，每次得到零花钱或是买东西都要一笔不漏地登记在册；父母可在固定时间和男孩一起分析总结，看哪些消费是必需的，哪些是浪费的。

王鑫磊是家里的独子，爷爷奶奶都很宠着他，每次都会偷偷地给他一些零花钱。到了过年的时候，还会再给一笔数额不小的压岁钱，去年春节，王鑫磊又收到 1000 元压岁钱。王鑫磊的爸爸妈妈想，如何让孩子好好保管这些钱呢？后来有一件小事让他们抓住了机会。

那天，王鑫磊突然在他房间里喊："我存的钱怎么少了啊？"妈妈一问，才知道他的钱少了 100 元。妈妈让他好好回忆，把花的每笔钱列出来，最后发现是他自己买玩具用了那笔钱。

后来妈妈就要王鑫磊每花一次钱都要记账，月底的时候再整理账目，这样钱怎么用的就一目了然了。王鑫磊采取了妈妈的建议。

自从学会记账以后，王鑫磊乱花钱的坏习惯也逐渐克服了，现在他还开通了一个银行账户，每个月定期地把爸爸妈妈和爷爷奶奶给自己的零花钱用不掉的部分也存进去，年底一看，也是一笔不小的数额呢。

由此不难看出，给孩子一个记账本，教会孩子记账，的确是一个帮孩子建立合理的消费习惯、培养孩子理财意识的好方法。男孩的父母不妨尝试一下。

方法二：定期给男孩一些零花钱

为了培养男孩的理财意识，父母可以定期给男孩零花钱并控制金额。

开始的时候，父母可以每天给男孩适量零花钱；等到男孩习惯后，再以周、月作为给男孩零花钱的时间单位，按时按量地给男孩发放零花钱。而随着孩子的年龄增长，间隔时间也应拉大。这种方式不仅可以让男孩学习在固定的时间内分配消费金额，做到有条理、有节制，还可以培养男孩的责任心，让男孩学会掌握收支平衡的原则。

方法三：追踪监督，及时纠正偏差

以下是一位爸爸的教子经验：

儿子花钱心中总是没数，为了纠正他这种不良的消费习惯，我决定教他记账。于是我便为他准备了一个记账本，叫他每天把自己买的东西及费用全记在本子上。儿子刚开始很不情愿，但在我的督促下，便开始了记账。渐渐地，我通过翻阅他的记账本，大体知道了他零花钱的流向：每天他都会打车去学校，中午会买一瓶饮料……了解了这些，我把儿子叫了过来，说："儿子，你记账也有一段时间了，今天爸爸正好有时间，帮你算算你的零花钱都花到哪儿去了。"儿子很高兴，把账本拿过来。我没有帮他计算，而是让他自己计算零花钱的去向。看着他算了一会儿，脸上有点儿不高兴，然后对我说："爸爸，我买的好多东西都是不需要的，如果我不买这些东西，就可以省下很多零花钱，去买真正需要的东西啦！"我说："没关系，以后再买东西，你可以先考虑一下，这些是否是自己真正需要的，慢慢地，你就不会乱花钱了。"儿子很认真地点点头，从此，他花钱真的谨慎多了。

在男孩记账的过程中，父母要及时追踪监督，了解男孩的消费倾向，若发现有偏差，要适时地帮助他纠正自己的消费错误。事实证明，这种办法非常见效，可以避免男孩冲动消费，变得越来越有计划。

专家教你男孩怎么养

父母如何引导男孩学会记账？

第一，给男孩准备一个记账本，最好让他自己去挑选记账本，以便提起他对记账的兴趣。

第二，在条件允许的情况下，每周或每月定期给男孩一笔固定的零花钱。

第三，父母要时刻关注男孩的消费情况，当发现男孩花钱大手大脚时，应及时予以制止。

教男孩养成储蓄的习惯

现实生活中，父母不仅要教会男孩正确认识金钱，树立正确的消费观念，还应积极地让男孩养成储蓄的好习惯，并教给男孩一些储蓄的方法与技巧。

11岁的男孩小杰，虽然年龄不大，却已经有了一张自己的银行卡，这张银行卡是在他9岁的时候，爸爸陪他一起去办的，他把自己的压岁钱和平时省下的零花钱都存在这张卡里，现在里面已经有不少钱了，而且钱越多，小杰存钱的动力就越大。此外，爸爸还告诉他，这样一直存着，利息会越来越多，到时候卡里面就会有更多钱了。

给男孩父母的建议

生活中，培养男孩储蓄习惯的方法有很多种，父母可以根据自己的实际情况，采用不同的方法：

方法一：告诉男孩零花钱的用途

父母在给男孩零花钱时，一定要明确地告诉他，零花钱主要是用来干什么的，比如说可以用来买学习用品、上下学坐车等。

父母可以和男孩进行讨论，最后达成一个“零花钱使用规则”，即花零花钱的时候要遵从勤俭节约、消费合理、不可超支的原则。父母还要告诉男孩，规则一旦形成，他就必须遵守执行。

另外，父母在处理男孩零花钱超支问题时，尽量多与男孩沟通，询问他超支的原因，并与他一起分析，慢慢地，男孩就会改掉铺张浪费的习惯。

方法二：从小培养男孩的储蓄意识

男孩的储蓄意识要从小培养，例如：有些男孩喜欢看漫画书，一本漫画书是20元，这个时候，父母可以告诉男孩：“我现在只能给你10元钱，以后再给你另外10元钱，如果你真的想买就得先把这10元钱存起来，等我给你另外10元钱的时候再买。”

过年过节，男孩大都会收到家人或亲戚给的一些零花钱，此时，父母可以帮助孩子在银行开设一个账户，让他把所得来的钱存入账户，每隔一段时间，陪男孩一起查看账户内的金额，这样一来，男孩就会有目的地把父母给的零花钱存起来，并且会更珍惜自己攒钱买来的东西。

方法三：给男孩买一个存钱罐

你可以给男孩买一个他钟爱的卡通形象的存钱罐，并且告诉他，要时常往里面放一元钱或者两元钱，这样这个卡通形象就会充满“能量”。此外，父母还可以和男孩一起存钱，让孩子体会收集的快乐。

平时，父母可以通过定期和男孩一起清点存钱罐，让男孩见证自己储蓄的结果；同时，还可以让男孩保持储蓄的好习惯，及早为未来做准备，将来就有可能实现更大的梦想。

专家教你男孩怎么养

父母如何让男孩养成储蓄的习惯？

第一，让男孩正确认识金钱的用途。

第二，带男孩去感受一下贫穷。

第三，可以借助游戏的方式引导男孩存钱，比如，可以给他买一个他喜欢的卡通形象的存钱罐，并且告诉他，他存进去的钱越多，卡通的“能量”就越大。

花钱也是学问——帮男孩树立正确的消费观

在我们身边，有的父母虽不是“大款”，但他们的想法是“宁可自己紧着点儿，也不能委屈了孩子，免得让别人瞧不起”。结果，孩子超水平消费，不懂得什么叫来之不易。父母含辛茹苦培养了“消费贵族”，而那些孩子却并不见得感激自己的父母。

扬扬的爸爸妈妈在35岁时才有了扬扬，因此全家人都格外宠爱他。自扬扬懂事起，他要什么，爸爸妈妈就给他买什么。随着扬扬年龄的增大，已经上初中的他，想要的东西越来越多，也越来越昂贵。

一天，放学回来，扬扬把一张纸递给爸爸，告诉他这是这个月他要买的东西。爸爸一看吓了一跳：耐克鞋一双、匡威鞋一双、新款的手机一部，还要在月底生日的时候买一个很贵的钱包，还有其他东西。爸爸粗略地算了一下，居然要一万元。扬扬的父母虽然有能力购买这些东西，但是一想到孩子这么小就如此消费，很是担心！

虽然我们经常说“再穷不能穷孩子”，然而，从教育的角度来讲，这种思想却存在着巨大的隐患，如果父母一味地容忍孩子的不合理消费，就无异于从小为孩子铺设了一条奢侈之路，对其今后的健康成长极为不利。

给男孩父母的建议

对于男孩来说，学会合理地消费，其意义不仅限于教会孩子如何花钱，还包含了多方面的内容，如对孩子未来生存能力的培养等。

那么，生活中，父母应该怎样引导男孩合理消费呢？

方法一：不要让男孩养成攀比的心理

男孩的自控能力比较差，他们中的大多数在消费时往往大手大脚，很容易养成与人攀比的习惯。这种习惯会随着男孩年龄的增长而变得越发严重。因此，当男孩有了攀比的消费行为时，父母可以让他把物质上的攀比转变为学习上的竞争，从而端正孩子的态度。

另外，要试着让男孩了解父母艰难创业的历程，让男孩明白金钱来之不易，立足社会、学会生存很艰辛，最终建立起自力更生、勤奋工作的好习惯。

方法二：纠正男孩的购物习惯

父母要在日常的购物中教导男孩理性消费。我们先来看看下面这位妈妈是怎么做的：

王磊上初二了，一天放学回家后，他走到妈妈的身边，对妈妈说："妈妈，你看我都这么大了，你能不能给我买一些贵点儿的衣服？"

妈妈不解地看着王磊，说："现在的衣服不是挺好的吗？"

"好什么啊，都是地摊货！我们班同学穿的都是专卖店的衣服，有的是耐克，还有更有名的牌子的呢，他们都笑话我。"

妈妈看着儿子的表情，愣了一会儿，问："那需要多少钱？"

"鞋子、裤子和外套，2000 元钱就够了。"

"什么？2000 元钱，那么多，可是妈妈现在兜里就 200 元钱，而且你爸爸还没发工资，要不这样吧，我和你爸爸省吃俭用，每个月给你存下 300 元，6 个月后你再买。"

王磊虽然有些失望，但是也没什么办法，就点头答应了。两个月以后，王磊对妈妈说："妈妈，算了吧，我看你和我爸爸为了给我攒钱，连肉都不怎么吃了，而且天这么热，你们都不开空调。我不要衣服了。"

我们不得不佩服王磊妈妈的明智。其实只要我们多长个"心眼儿"，运用一些小技巧来引导孩子合理消费，比如，买东西时多走几个地方，货比三家，告诉男孩无论买什么东西都不能大手大脚；逛商场时要和男孩说好：今天只能买一样东西，或者只能花多少钱，以便对男孩有所约束。

父母还可以让男孩做一些力所能及的事情，如买菜、买日用品等，让他了解家里的消费开支情况。

方法三：让男孩参与到家庭"预算会议"中来

在生活中，父母大都会在月初计划一下接下来一个月的开销，此时，就可以让男孩参与其中，让他知道，一个月所需要花费的钱，并清楚地告诉他，这部分预算中，哪些是男孩需要花费的，并和他一起讨论家庭未来的预算。

专家教你男孩怎么养

生活中，父母如何正确引导男孩养成正确的消费观？

第一，切忌放任男孩的攀比心理。

第二，让男孩养成正确的消费习惯，不要让他成为名牌的追求者。

第三，让男孩参与到家庭预算中来，让他清楚自己每月的花销有多少。

让男孩参与家庭理财规划

教男孩学习理财，就是教男孩学会过日子。让男孩参加家庭的重大财务决策，会让男孩觉得自己是家庭的一员，感受到父母对自己的重视和尊重，让男孩有强烈的当家做主的感觉。

那么，家庭规划指哪些方面呢？小到去超市前的预算，大到购置新的房子和车子等，经常让男孩参与到这些家庭规划中来，有助于男孩更好地学习理财，培养男孩的理财能力。

下面是一位爸爸的教子经验：

我儿子6岁了，从他5岁起，我和妻子就让他参与到我们的家庭规划会议中来。

一次，我们家里开会讨论要不要在我妻子公司的附近购置一栋新的房子，因为妻子的公司搬了新址后，即使开车往返都要两小时左右，我觉得一来这样妻子很累，二来汽车的油钱也花费不少。虽然我提议过几次，但是都被妻子拒绝了，我知道她不想花钱。于是，我们全家决定开会讨论，最后决定投票，儿子把赞成票投给了我，我就问他理由，他说：“一来妈妈开车往返太累，不利于工作；二来不利于保护环境；三来我马上就要上小学了，准备报名的小学距离新房子的地址也比这里近，爸爸妈妈接我也比较方便，这样又省下了一笔交通费……”

千万别总拿自家的男孩当小孩，别以为他什么都不懂。现在的媒体那么发达，即使你不告诉他，他也能通过其他渠道知道一些理财知识，更何况现在男孩都早熟，所以，明智的父母应该把男孩当成小大人来对待，让他参与到家庭理财规划中来，这样对男孩今后的成长十分有利。

给男孩父母的建议

不要因为男孩的年龄小，就忽视了他在家中的地位，事实上，作为家庭中的一员，他应该参与讨论家庭理财规划，以便提高其个人理财能力。

方法一：让花钱大手大脚的男孩做“管家”

现实生活中，很多男孩花钱大手大脚，完全不顾父母赚钱的艰辛，面对这种现象，很多父母都不知道该怎么教育男孩。

小志是一名初中生，自从上初中后，他花钱总是大手大脚的。小志的家庭虽然还算富裕，但是小志的爸爸觉得这样放任小志，对其今后的成长是不利的，所以，小志的爸爸决定找他谈一谈。

当爸爸刚谈到小志花钱太多的问题时，小志就抱怨说：“我是个大人了，我请朋友吃饭，参加聚会，给朋友买东西肯定不能再像小的时候那样了。你们有朋友，我们也有朋友啊。你们需要沟通感情，我也需要！”结果小志的爸爸和小志的谈话最终以失败告终……

其实，对于男孩的一些过度消费行为，父母只要仔细观察、耐心了解就很容易发现，直接对他采取口头教育或者打骂方式肯定是不起作用的。像小志这个年龄段的孩子大都在心里有一种成人感，他们渴望获得成人的权利，这也是为什么当父母质问他们的时候，他们会反问父母，为什么父母可以，而他们就不行。此时的男孩希望自己能够独立地处理问题，当然也包括金钱。

因此，对这个年龄段的男孩进行理财教育，父母可以将“管家”的权利移交给他，让他参与家庭理财规划，了解家庭的收支状况，了解父母的不容易，还可以让男孩负责家庭日常生活用品的采购等，从而改掉自己花钱大手大脚的习惯。

方法二：鼓励男孩在家庭会议中说出自己的建议

李然7岁了，上二年级的他在自己的提议下参与到家庭理财规划会议中。起初，妈妈觉得李然还小，没有必要参与家庭会议，但爸爸却认为这是培养儿子理财能力的好时机。

一次，家庭会议中，爸爸和妈妈讨论物品采购的问题。李然的爸爸想把书房的窗子换成落地窗，这样光线和视觉效果都会好一点儿，但是造价很高，这时，爸爸对儿子说："李然，你有没有什么好建议，尽管说。"

李然想了一会儿，说："如果你只是为了提高亮度和视觉效果，为什么不把书房内的墙漆重新换个颜色粉刷一遍，选一种较亮的颜色呢？"

"对啊！这样算下来要比换一个大落地窗便宜又省事，真是个好建议。"

……

不少家庭也让男孩参与家庭会议，但常常让男孩的位置形同虚设，不但不采纳男孩的建议，还限制男孩提出自己的要求和见解，父母总觉得男孩年龄小，没有什么大的建树，提出的要求也肯定幼稚不可取。但事实并非如此，只要父母耐心地倾听男孩的想法，一定会找到可借鉴的建议。

专家教你男孩怎么养

日常生活中，父母可以从哪些方面让男孩参与到家庭理财规划中来？

第一，重视男孩在家庭中的地位，适当地给他分配一些工作，如负责购买日常用品之类等，让他充分参与到家庭消费中来。

第二，鼓励男孩为家庭理财规划提出建议。

第九章
家有“问题男孩”，正确引导是关键

每个男孩在成长过程中都会遇到这样或那样的问题：

有的男孩邋遢、不爱干净；

有的男孩做事磨蹭；

有的男孩做事总是马马虎虎；

……

但无论男孩身上存在哪种问题，只要父母耐心对待，细心引导，这些问题都能迎刃而解。

防止男孩变得任性

任性的小男孩，在父母的眼里都是相似的：为了达到目的，不惜哭闹相逼，把父母搞得精疲力竭。面对小男孩的任性，有的父母打骂他，丝毫不起作用；有的父母听之任之，依然没有什么效果。

张咏8岁了，他身上有一个让全家人都头疼的坏习惯——任性。什么事情家人都得依着他，稍不如他的意，就会发脾气、哭闹，谁说都不管用。爸爸妈妈为此伤透了脑筋。尽管他们一再告诫张咏“不能再有下次了”，可不愉快的事情还在发生着：一天清晨，妈妈急着要上班，没有给张咏做茶鸡蛋吃，张咏立刻就不干了，大哭着说：“你为什么不给我做茶鸡蛋？我要吃茶鸡蛋！”他的脾气越发越大，没完没了，眼看着妈妈上班要耽误了，张咏还是不依不饶，最后妈妈让步了，给他煮完茶鸡蛋才去上班。

现在，全家人凡事都得让他三分，对了要表扬，错了还不能惩罚，否则张咏的倔脾气一上来，最后还得是大人让步。妈妈说：“张咏好起来的时候特别好，闹起来的时候，我们拿他一点儿办法也没有，简直太任性了！”

给男孩父母的建议

男孩的任性行为常表现为：脾气大、不懂分享、逆反心理强、自控能力弱、责任感不强等，一旦有什么事情没有顺着他，他便一发不可收拾，大哭大闹直到达到目的才肯罢休。面对男孩的任性行为，父母只有对症下药才能收到良好的效果。

方法一：对任性的男孩施行“冷政策”

对于男孩来说，最大的惩罚莫过于被父母冷落。但前提是家庭里所有成员都要在认识上和行动上步调一致，比如妈妈说不给男孩买山地车，爸爸也要对妈妈表示支持，如果此时爸爸和妈妈的意见不一致，那么男孩就会觉得找到了“靠山”，变得更加任性。

方法二：认真对待任性男孩的真实想法

男孩的任性并不都是无理取闹，因为随着年龄的增长，他们开始逐渐接触更多的事物，但是他们还没有形成成熟的判断是非的标准，而是仅凭着自己的情绪与兴趣来参与，所以父母一定不要忽略这一点，而是应该注意探究男孩任性行为背后的真实想法与心理需求，如好奇心、好胜心、求知欲等，然后运用科学巧妙的方法满足男孩的这种心理需求。

一天，7岁的萧朗对妈妈提出要求："妈妈，我要买超人玩偶。"

"今天不行，过两天吧。"妈妈满口答应了下来。

"不，我现在就要！"

妈妈没有斥责儿子的任性，而是问："萧朗，你告诉妈妈，你急着要买玩偶干什么？"

"我的同学都有，我也要，而且我答应了他们明天拿给他们看。"

妈妈意识到儿子之所以要玩偶，是因为要和别的男孩进行攀比，为了避免儿子养成攀比的心理，妈妈马上又说："其实，你没有必要买超人玩偶，不如妈妈给你一个会让大家羡慕的玩具吧！"

"好啊！"萧朗高兴地说道。

随后，萧朗的妈妈把萧朗爸爸给萧朗做的一个小坦克拿了出来："怎么样，精致吧，这个是你3岁的时候爸爸给你做的，好看吗？"

"嗯，好看，但是我怎么忘记了呢？"

"傻儿子，那个时候你才多大啊，再说后来搬家，我就把这个收起来了。这是你爸爸亲手给你做的，是世界上独一无二的，任何小朋友都没有。"

"嗯，那我明天拿给他们看，他们一定会羡慕死我的！"

当父母重视和满足了男孩的好奇心、虚荣心之后，他就不会表现出任性行为了，如果这时父母再顺着这个话题巧妙地引导、沟通，那么不但能逐渐纠正男孩的任性行为，而且无形中也增长了男孩的知识。

专家教你男孩怎么养

父母如何防止男孩养成任性的坏习惯？

第一，对男孩说“不”。不要给男孩太多溺爱，满足他的一切要求，相反，要适当地拒绝男孩，让他感受到挫败感。

第二，多与男孩沟通。沟通可以让父母更了解男孩的真实想法，从而明白男孩的真实需求。

培养干净、整洁的男孩

一位妈妈曾这样抱怨：

我儿子长得帅气，却不爱讲卫生。回家后，他就把臭袜子脱下来扔到地板上，弄得他的房间里满是臭脚味。我催他去洗澡，他会说：“懒得洗。”……

给男孩父母的建议

爱干净、讲卫生的男孩不仅能受到周围人的欢迎，还能保证自己的健康。因此，很多父母都积极地培养儿子爱干净的习惯，那么，父母应如何培养男孩爱干净、讲卫生的习惯呢？

方法一：让爱干净的女孩来影响男孩

男孩是很爱面子的，若有女孩指出他不爱干净的坏习惯，他会感觉自己很没面子，以后往往会注意个人卫生问题。

一位爸爸是这样巧妙利用男孩爱面子的心理的：

姜鹏有个坏习惯——不爱干净，父母为此感到非常头疼。一天，爸爸想出了一个主意，他把邻居家的女儿小玲请到家里来做客。小玲来到姜鹏家，姜鹏高兴地请小玲到自己房间看他的遥控汽车，小玲欣喜地跟他进去，刚进门小玲就叫起来："什么味儿啊！这么难闻！"小玲看了看地板上扔着的袜子说："怪不得这么难闻，原来是你的屋里堆了这么多臭袜子，我不想进去看了。"此时姜鹏的脸红红的。平时父母说他不讲卫生他从没有在意过，可是今天他有一种自尊心受创的感觉。爸爸这时过来为儿子解围："小玲的房间一定很干净，带哥哥去看看你的房间，好不好。"小玲说："好。"说着，她拉着姜鹏就去她家玩儿了。

自从去小玲的房间看过以后，姜鹏像变了一个人似的。每天早晨起床后，他会把房间收拾干净；下午放学后，他把袜子脱下来马上拿去洗。

上文中的爸爸很好地利用了男孩爱面子的心理，请了一个女孩来指出儿子不爱干净的坏习惯，在自尊心的驱使下，男孩变得爱干净了。这位爸爸的方法是正确的，父母不妨借鉴一下。

方法二：请医生告诉男孩应讲卫生

男孩有时会把父母的忠告当作耳旁风，而对于专业人士的话，他往往不会怀疑。父母可以利用孩子的这种心理，让医生去告诉男孩要爱干净、讲卫生。

一位妈妈是这样做的：

吃饭前，妈妈总会提醒儿子洗手，可他却从来不听妈妈的话。

一天，儿子拉肚子，妈妈赶忙带他到医院，找医生为他诊治。诊疗期间，妈妈问医生："医生，我儿子为什么会突然拉肚子呢？"医生说："这与他不注意卫生有关。"妈妈说："嗯，他吃饭前从来不洗手，是不是这个原因导致孩子拉肚子的呢？"医生说："是这个原因。"然后，医生特别郑重地对儿子说："小朋友不讲卫生会生病。你这次拉肚子，就是吃饭前不洗手导致的，如果以后你吃饭前还是不洗手，还会拉肚子的。"男孩听后点点头。

从此以后，儿子开始注意自己的卫生了。吃饭前，他总能记得洗手，妈妈问他："现在为什么记得吃饭前洗手了呢？以前提醒你好几遍你都不去洗。"儿子说："医生说了，我拉肚子是因为我不注意卫生，我可不想以后再拉肚子。"

方法三：为男孩制订"讲卫生"的规则

如果男孩不讲卫生，父母可以为他制订"讲卫生"的规则，如，不洗手不能吃饭、不洗澡不能上床睡觉等。当然，这个规则制订和执行的前提是要男孩本人同意。若男孩对自己同意的规则进行反抗时，父母要坚持原则。

一位妈妈在这方面做得很好：

“林庆，快点儿去洗澡，洗完澡后去睡觉！”妈妈说道。正在沙发上坐着看电视的林庆马上回答说：“我今天不想洗澡。”妈妈没有再说什么，而是把儿子房间的门锁上了。

看完电视后，林庆走到自己房间门口，门打不开，这一场景刚好被拿着杯子出来接水的妈妈看见了，妈妈说：“去洗澡，洗完澡后妈妈给你开门。”

林庆没有办法，只得去洗澡了。等林庆洗完澡后，妈妈才为他打开了他房间的门。

规则一旦订立，父母就应确保男孩遵守规则。当男孩耍赖时，父母应坚持原则，不能让男孩打破“讲卫生”的规则，因为规则一旦被打破，就不具备任何意义了。

专家教你男孩怎么养

父母如何培养男孩干净、整洁的习惯？

第一，为他制订生活作息表。

第二，让他认识到讲卫生的意义。

第三，为他做爱干净的榜样。

男孩做事磨蹭——教他提高效率

一位妈妈曾有这样的苦恼：

我的儿子学习好，长得也帅气，就是做事磨蹭。

每天早晨起床后，我叫儿子去刷牙，他总是会说："待会儿再去。"然后磨蹭半天再去。刷牙的时候，他总是缓慢地用牙刷摩擦牙齿，能磨蹭20分钟。

开饭之前，儿子却要玩一会儿玩具再过来吃。

儿子上学快迟到的时候，无论你怎么催他加快速度，他都会用不紧不慢的语气说："不着急。"

生活中，有很多父母像上文中的妈妈一样在为儿子磨蹭的坏习惯感到苦恼，那么，应如何帮助儿子改掉磨蹭的坏习惯呢？

给男孩父母的建议

如果男孩因没有时间观念而做事磨蹭，父母就应在平时的生活中告诉他时间的重要性；如果男孩因没有上进心而做事磨蹭，父母可以想一些办法来激起他的上进心。总之，父母应根据男孩磨蹭的具体原因，想出具体的办法改掉男孩做事磨蹭的坏习惯。

方法一：制订生活日程表，培养孩子把握时间的能力

小军刚上小学，他的妈妈发现他做事特别慢。每天心不在焉不知在想什么，尤其是在做作业时，一会儿抠抠鼻子，一会儿转转笔，别的孩子到晚上8点就能完成作业，可小军每天却要磨蹭到10点多。这可急坏了旁边陪读的妈妈，打也不是，骂也不是，有时恨不得自己抢下小军的作业本，替他做完算了。

上面事例中的小男孩非常没有时间观念，他不懂得时间的意义、价值，才会做事磨蹭。对待这类孩子，父母可以为其制订一个生活日程表，贴在他的房间里，每天记录他起床、穿衣、洗漱、吃饭等所用的时间，过一段时间后，再看看他有没有进步。为了提高孩子的积极性，父母可以给他一些奖励，让他为自己的进步

而感到快乐，进而主动加快自己做事的速度。

方法二：为男孩创造参加比赛的机会

男孩有很强的竞争心理，若父母能够很好地利用男孩的这种心理，通过创造比赛机会，也可以让男孩改掉做事磨蹭的坏习惯。

一位爸爸在这方面做得很好：

谭勇做事情总是比别人慢半拍，这着实愁坏了家里人，爸爸为此想出了一个妙计。一天，爸爸对儿子说："谭勇，爸爸知道一个月后你们学校举行运动会，你的老师告诉我他想让你参加400米短跑比赛，所以从今天开始你要每天和爸爸比赛一次，这样比赛时你就能取得好成绩，从而为你的班级增光。"事实上，是爸爸在老师那里得知举行运动会的消息，并且为儿子报名参加了400米短跑比赛。

在接下来一个月的时间里，谭勇每天和爸爸赛跑。最初的时候，谭勇和爸爸的跑步速度相差甚远，于是爸爸总是故意嘲笑谭勇跑步慢。谭勇很不服气，每天早晨坚持跑步一小时，二十天后，谭勇再与爸爸赛跑的时候，轻而易举地便跑到爸爸的前面去了。运动会上，谭勇跑了第一名。除此以外，谭勇还有一个更令家人高兴的改变，他做事情不再拖拉，想到的事情会马上去做。妈妈对家人说："谭勇现在做事情不但不比别人慢，还总是比别人先完成任务，这要归功于他爸爸，想出让他参加运动会的主意。"

方法三：化催促为表扬，为孩子树立信心

孩子做事情磨蹭的时候，千万不要不停地催促他。大多数男孩都不是故意磨蹭的，你越催他，他的精神越紧张，越没有办法集中精力做事情了。这时，父母可以化催促为表扬，通过表扬，便会激发男孩做事的动力。以下是一位妈妈的教子经历：

我的儿子做事特别磨蹭，我的调教方法是——表扬。表扬他磨蹭吗？当然不是了。比如，我儿子每天晚上总是磨磨蹭蹭得到很晚才睡觉，为此我急得每天骂他，可一点儿效果也没有。在有关书籍上我了解到，男孩很喜欢听正面的话。于是，我就试着对他说："我儿子现在长大了，懂事了，用不着妈妈提醒就知道上床睡觉了。"话音刚落，儿子便钻进了被窝。后来，在对待其他事情上，我也用同样的方法。效果真不错，我儿子磨磨蹭蹭的现象越来越少了，而且，做任何

事情都显得信心十足。

专家教你男孩怎么养

父母如何帮助男孩改掉做事磨蹭的坏习惯？

第一，故事引导法。父母可以给儿子讲一些关于守时等的故事，以此来引导儿子珍惜时间，提高做事效率。

第二，签订“合同”法。父母可以跟儿子签一份“合同”，而“合同”的内容应规定好儿子在某段时间内应完成的事情，同时设立奖罚项。

懒惰并非天生——父母的引导很重要

一位妈妈曾这样提问：

我的儿子特别懒，比如假期的时候，我让他去做作业，他会说：“等明天吧！”吃完饭，我让他帮我把盘子端到厨房去，他会说：“我懒得动。”我希望儿子能够变得勤快起来，应该如何做呢？

生活中，有很多男孩有懒惰的习惯，他会说：“我懒得动。”那么，父母应怎样帮助男孩改掉懒惰的坏习惯呢？首先，父母应找出男孩懒惰的原因。很多情况下，男孩的懒惰是父母不正确的教育方式引起的。

情景一

“妈妈，我帮你拖地吧！”

“你拖不干净，让妈妈拖吧，你不要给妈妈捣乱就好了。”

情景二

“妈妈，我帮你切菜吧！”

“我的小祖宗，你不要在这儿给我添麻烦了，去玩儿吧！”

很多时候，男孩的懒惰习惯就是这样被父母娇惯出来的。因此，父母一定要注意教育男孩的方式方法，以防男孩养成懒惰的习惯。

给男孩父母的建议

懒惰的习惯不是天生的，而是后天形成的，它不仅包括行为的懒惰，还包括思想的懒惰，若父母想让男孩成为一个真正勤快的人，就应防止男孩在这两个方面形成懒惰的习惯。

方法一：在男孩积极劳动时夸奖他

男孩天性好动，往往很乐意自己动手做点儿事情。当男孩表现出劳动的积极性时，父母不要泼冷水，而应该适时地夸奖他。比如，男孩扫完地后，妈妈可以说："儿子知道帮妈妈干活儿了，是个大孩子了。"

一般来说，男孩刚刚接触家务的时候，由于不熟练，往往会惹出一些"小麻烦"，这时，父母不要失去耐心，打击儿子的积极性，而要耐心地教给他做事的具体方法和技巧。

一位妈妈是这样做的：

陈祥看到妈妈在拖地，拖布在地板上来来回回好像在跳舞，感觉非常好玩儿，就要求妈妈让自己来拖，妈妈高兴地说："儿子长大了，知道帮妈妈干活儿了。"陈祥拖地的时候虽然很用力，但是拖得一点儿也不干净。这时，妈妈走过来告诉陈祥："儿子，地板有时拖一遍拖不干净，需要冲洗一下拖布，然后再拖第二遍，这样才能把地板拖干净。"陈祥按照妈妈说的办法，把拖布洗干净又拖了一遍，地板果然变得特别干净了。这时妈妈走过来，夸奖儿子说："我儿子真能干！"

方法二：让男孩自己去找问题的答案

一位爸爸是这样做的：

胡凯有一道数学题目不会做，于是他问爸爸："爸爸，这道题怎么做呢？"爸爸看了看题目："在下面算式上加两个括号，让 1+2×3+4×5+6×7+8×9 等于 505。"爸爸提示说："我可以给你一个思路，你自己去想，505 的个位数是 5，要得出 5，必须有一个数与 5 相乘，使得数的个位数同样也是 5，或者是其中的两个数相乘能得出一个个位数为 5 的数。"

根据爸爸的提示，胡凯发现只有 (1+2×3+4)X5 的结果 55 的个位数为 5，那么，剩下的数只需得出 450 即可，胡凯很容易就发现 (6X7+8)×9 的结果为 450，这样，胡凯就把这道题解出来了。

当男孩遇到难题时，父母不要直接告诉他答案，要让他自己去找问题的答案，必要的时候，父母可以给男孩一个提示，让他利用提示去找问题的答案。

专家教你男孩怎么养

父母如何让懒惰的男孩变得勤快起来?

第一，培养儿子“劳动光荣”的意识。父母应告诉儿子“劳动光荣，懒惰可耻”，让儿子明白一切财富都是人的劳动创造出来的。

第二，让儿子自己的事情自己做，以便他养成热爱劳动的习惯。

告别马虎——别让男孩变成“马大哈”

生活中，你肯定听到过有的父母这样抱怨：

我的儿子简直就是一个“马大哈”。有一次，他去上学时忘记带语文书，幸好我发现后帮他送去，不然真不知道他怎么上课。这还不要紧，更令我生气的是，儿子考试的时候经常因为看错题目而答错题，因此他的考试成绩总是很差。我怎么做才能让儿子不再马虎呢？

孩子马虎这种坏习惯的形成，有其自身原因，也有父母的原因。从孩子自身来说，有时会因不知道马虎的后果而放任了自己的这个坏习惯；从父母方面来说，父母若在孩子幼年时期没有对其进行严格系统的训练，孩子也可能养成马虎的坏习惯。

给男孩父母的建议

父母都希望儿子做事细心，那么，如何让儿子改掉马虎的坏习惯呢？

方法一：让男孩知道马虎的后果

父母若想让孩子远离马虎，就要告诉他马虎的后果。

一位妈妈在这方面做得很好：

张强的数学考了99分，他拿着试卷向妈妈炫耀："妈妈，我数学考了班里的第一名，99分，你看！"妈妈拿过试卷，看到儿子因计算错了一道题而扣了1分。

妈妈问："这道题你不会做吗？"张强回答说："不是的，妈妈，我会做这道题，只是考试的时候点错了小数点，是20.2，而我把小数点点到了2的后面，写成了2.02。"妈妈严厉地说道："如果制造航天飞船的叔叔把小数点点错会出现什么后果？"张强想了想说："会影响整个航天计划。"妈妈说："因为一个小数点，航天员可能会牺牲，整个航天计划也有可能停滞。而一个航天计划会花一大笔资金，一个小数点就能损耗众人的精力和许多来之不易的航天经费，你认为点错一个小数点是一件小事情吗？"

儿子看了妈妈一会儿，语气低沉地说："妈妈，点错一个小数点并不是一件小事情，我以后绝不能犯这种错误了。"在以后的考试中，张强再也没有出现过这样的错误，数学考试总是能得100分。

当男孩知道了马虎的严重后果，他便不会再马虎了。上文中的妈妈用类比的方法让儿子认识到马虎可能会给社会和人类本身带来极大损失，知晓了马虎的危害，于是儿子很自觉地改掉了马虎的坏习惯。

方法二：禁止男孩在嘈杂的环境中学习

造成孩子马虎的原因，可能是有什么事情分散了他的注意力，比如男孩在播放着电视的屋子里学习，就容易分散他的注意力，这样他作业的准确率就会降低，这时父母会认为是男孩的马虎造成的。正确的做法是让男孩在一个安静的地方学习，减少影响他的干扰因素。

一位爸爸是这样要求儿子的：

周六，儿子在平时只需花一小时即可完成的作业，做了一上午还没有做完。

原来妈妈和奶奶在看电视，两人边看边讨论，影响了儿子。爸爸看到儿子坐在客厅边看电视边做作业，于是走到儿子身边说："儿子，去你自己房间里做作业，做完了再出来。"然后，儿子乖乖地去自己房间做作业了。半小时后，儿子出来了，爸爸问："作业做完了吗？"儿子回答说："嗯，做完了。"爸爸拿着儿子的作业看了起来，他在客厅做的题中有好几处错误，而他在自己房间里做出来的几道题都很正确。

在嘈杂的环境中学习，最容易让男孩养成做事马虎的坏习惯，因此，父母一定要让男孩到安静的地方去学习，以便他能更加专注和细心。

专家教你男孩怎么养

父母如何培养男孩细心的习惯？

第一，让儿子养成检查的习惯。在儿子做完作业之后，父母要让他自己检查一遍，通过自己发现作业中的错误，然后总结经验教训，让自己变得更加细心。

第二，不要给儿子贴标签。当儿子粗心时，父母千万不要说"你这孩子真粗心"等类似的话，否则他会认为自己本来就是粗心的，无法改掉这个习惯。

男孩说谎怎么办——解开心结最关键

一位妈妈在网络日志中这样写道：

今天儿子对我说谎了，让我很心痛。早晨的时候，儿子问我："妈妈，我今天能出去玩儿吗？"我问儿子："你做完作业了吗？"儿子回答说："做完了。"于是，我就让他出去玩儿了。

可是，下午儿子回来后，就一个人躲到屋子里去了。我很好奇，他在里边干什么呢？于是打开儿子的门，看到儿子正在做作业。儿子为什么会对我说谎呢？我应该怎么做呢？

生活中，当父母面对这样的问题时，他们的第一反应往往是大发雷霆："你告诉我已经做完作业了，事实上没做完，你有必要对妈妈说谎吗？"

给男孩父母的建议

当男孩说谎时，肯定是有原因的，父母应首先从自己的教育方式中找问题。

方法一：允许没有做完作业的男孩去玩耍

孩子说谎有时是为了达到某种目的，而这种目的的达成又缺乏某些条件，他只好假装这些条件已经具备，这样的假装表现在行为上就是说谎。

一位聪明的妈妈是这么教育儿子的：

我时常对儿子说："儿子，你想去做什么事情，尽管跟妈妈说，只要你能找出足以让妈妈同意的理由，妈妈就会允许你去做。"

星期天早晨，儿子对我说："妈妈，我上午和同学一起去钓鱼，中午的时候回来吃饭。"我问："那你的作业做完了吗？"儿子说："没有呢，妈妈，不过我下午回来后一小时内就能做完。"我说："好的，去玩儿吧！"

上述故事中的妈妈的教育方法避免了儿子说谎，因为儿子知道妈妈听了自己的理由会答应自己的请求，自然不会向妈妈说谎。当然，允许没有做完作业的儿子去玩耍是有前提条件的，他必须保证玩耍回来后能够按时完成作业。

方法二：交给男孩一项能证明他诚实的任务

面对男孩的谎言，父母可以交给他一项能证明他诚实的任务，让他相信自己本来是诚实的。

一位爸爸是这样教育儿子的：

有一次，郭志想买一本杂志，于是在爸爸的钱包里拿了10元钱，到报刊亭买了杂志。回家后，爸爸发现钱包里少了10元，就问儿子："郭志，你从爸爸的钱包里拿钱了吗？"郭志回答说："没有。"其实，爸爸早知道钱包里的10元钱是儿子拿的，他只是没有揭穿儿子。后来，爸爸交给儿子一项任务，在他钱包里拿钱去帮他买一瓶醋。

儿子在爸爸的钱包里拿了20元，就去超市了。他买了一瓶醋花了12元，回到家，儿子把醋和8元钱交给了爸爸。爸爸没有问他在钱包里拿了多少钱，也没有问醋的价钱，只是简单地说："谢谢儿子。"此时，郭志有一种被信任感，同时有一种羞愧的感觉，他低下头说："爸爸，那10元钱是我拿的，我用来买杂志了。"爸爸说："爸爸不会怪你的，你敢于承认自己的错误，就是好孩子。不过，以后要买东西时，先向爸爸说一下，然后再去钱包里拿钱。"儿子点点头。

有时候，某种原因会导致男孩说谎，比如怕被惩罚。当儿子犯了错误后，如果父母表现出对儿子的信任，儿子就会逐渐变得诚实。

专家教你男孩怎么养

父母如何培养男孩诚实的品德？

第一，为儿子创造宽松、和谐的家庭氛围。只有家人之间保持诚实的态度，并使孩子得到成人的关心，孩子才能信任成人，当他有了过失时，才敢于承认自己的错误。

第二，给儿子讲一些关于诚实的道理。为增加趣味性，父母可以借用小故事、寓言来告诉儿子做人要诚实的道理，让儿子领悟出什么是诚实，为什么做人要诚实，应该怎么做，不应该怎么做。

男孩沉迷游戏——父母需从自身找原因

一位妈妈提到沉迷游戏的男孩时这样说：

我儿子每天放学回家后就坐到电脑前，开始打游戏。吃饭的时候我喊他："儿子，吃饭了。"他回答我说："我没空，你们先吃吧！"听到他的回答，我很生气，但又不好发作。最近我一直在想，儿子为什么会迷上游戏呢？

一般来说，男孩沉迷游戏的主要原因有：第一，平时学习的压力大，而虚拟的网络游戏能够为他缓解压力。第二，想摆脱父母的控制，但现实生活中无法实现，于是便到游戏中寻找自由。

给男孩父母的建议

面对沉迷游戏的男孩，父母有时会禁止男孩在家里打游戏，但是男孩一旦迷恋上了游戏，又怎会这么容易戒掉呢？他们会想办法去别的地方玩游戏，比如，网吧、朋友家等。因此，父母不能粗暴地禁止儿子玩游戏，而应该为儿子制订玩游戏的规则。

方法一：通过协商，与儿子一起制订玩游戏的规则

一位爸爸这样讲述自己的教子经历：

我的儿子12岁了，每天中午放学后总会玩一会儿游戏，然后去上学，我担心他这样会影响他的学习，便开始与他商量，共同制订了玩游戏的规则。规则的内容是：每周可以玩两次游戏，每次玩半小时，时间可以选择在周五、周六、周日晚上；电脑要放在书房里，而不是他的房间里；不可以玩升级类的游戏。

于是，每到周五、周六晚上，儿子总会尽情地玩半小时。有一次，他在周五、周六晚上各玩了半小时，到了周日还想再玩一会儿，我就态度坚决地告诉儿子："这周的游戏时间已经用完了。儿子，一定要遵守规则哦！"他听我这么说，只好作罢了。渐渐地，儿子的自控力提高了，当我们不在家时，他也能控制自己玩游戏的时间。这让我感到很欣慰。

除了跟儿子协商，一起制订玩游戏的规则外，还可以经常向儿子灌输这样一种思想：电脑不是他的私人物品，而是全家人的共有物。慢慢地，儿子便会逐渐减少自己使用电脑的时间。

方法二：带男孩参加户外活动，丰富他的生活

对喜爱冒险的男孩来说，户外有很多新鲜的东西等待他去发现，父母可以选择一个天气好的日子，带儿子去参加一些户外活动，比如登山、野营、攀岩、自驾游等。

以下是一位爸爸的教子经历：

我的儿子才5岁，却开始痴迷于游戏。

于是，我试着减少儿子玩游戏的时间，一到周末，就带他出去玩儿。我儿子非常喜欢户外美丽的风景，渐渐地，他不再热衷于一个人玩游戏了，我成功地淡化了他对游戏的兴趣。

“游戏迷”的父母，如果肯花些心思，多带儿子参加户外活动，让他体验到户外活动的乐趣，便可以转移他对游戏的兴趣。全家人一起去户外活动，才是实实在在的快乐。因此，只要一家人相处融洽，相信没有哪个男孩愿意永远与游戏为伴。

方法三：制造让男孩感觉被赏识的机会

男孩之所以沉迷游戏，部分原因在于其本身缺乏自信。研究表明，生活中经常成功的人，受到的消极影响较小；而生活中被负面评价较多的人，则容易沉迷于幻想当中。因此，父母应给男孩多一些被肯定的机会，以增加儿子的自信，从而避免其沉迷游戏。

一位“游戏迷”的爸爸是这样让儿子“脱胎换骨”的：

有一次，儿子从网吧回到家，已经凌晨1点了，他蹑手蹑脚地推开门，没想到我正坐在沙发上等他。我的儿子很叛逆，我知道他即使知道自己错了也不会承认错误，反而会表现出一副天不怕地不怕的样子，等着挨训。

我一改往常的态度，平和地要求他坐下来。他一脸疑惑地坐了下来。然后，我问儿子：“儿子，爸爸以前一直不了解你，非常惭愧，你能告诉爸爸你身上有什么优点吗？”儿子冷冷地说道：“我哪里有什么优点，我身上全是缺点！”“不，儿子，你很善良，喜欢帮助别人，也很诚实……”我开始寻找儿子身上的闪光点，儿子听着听着，突然哭了出来。我拍拍儿子的肩膀：“儿子，你在爸爸眼里永远很优秀。”儿子哭着说：“我一直以来都很让你失望，你不怪我吗？”我说：“儿子，爸爸从来没有放弃过你，一直在等你回心转意。何况你有这么多优点，将来我的儿子一定会成为一个出色的人，而不是游戏中的虚拟人物啊！”儿子会心地对我点点头，从那以后，他很少去网吧玩网络游戏了。后来，他彻底斩断了网瘾，回归到了正常的学习中。

一位心理学家说：“人类本质中最殷切的需求是渴望被肯定。”肯定可以增强孩子的自信心，促使男孩将自身能力发挥到极致。聪明的父母会像上文的爸爸一样，通过激励的手段，肯定孩子的优点，使他自觉地戒掉游戏瘾。

专家教你男孩怎么养

父母如何帮助男孩戒掉游戏瘾?

第一，规定儿子玩游戏的时间。适度的游戏不仅可以开发孩子的智力，还可以让孩子释放压力，因此，父母可以允许儿子适度地玩游戏。

第二，转移儿子的注意力。父母要培养儿子除游戏以外的其他兴趣，比如，父母可以带儿子去郊游等，当儿子把精力放在其他有意义的爱好上时，就无暇顾及玩游戏了。

第十章
身心健康最重要，做好男孩的保健医师

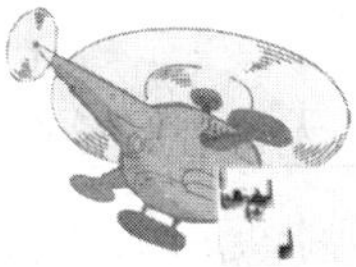

父母都希望男孩健健康康、快快乐乐地成长，

然而，现实生活中，有的男孩的健康状况却并不乐观。

男孩承受了太多的压力，得不到及时的宣泄；

男孩的视力日益下降；

男孩常常失眠、健忘；

……

事实上，有的男孩面临着健康隐患，父母能做的就是及早发现，及时预防。

让男孩拥有良好的心态

好心态是成功人士的必备素质，也是男孩成长过程中需要父母培养的素质。拥有好心态的男孩乐观、开朗、自信、洒脱、热情……即使他处在人生的黑暗里也能看到光明和希望；反之，如果男孩的心态不好，自卑、失落、难过……即使他处在阳光明媚的世界里也只能看到阴影和失望。

然而，生活中，大部分父母却往往只关注男孩的身体健康，而忽视了男孩的心理健康，结果导致不少男孩的心态不够健康。

那么，什么样的心理才算是健康的心理呢？一般来说，就是无论在什么情况下，男孩都能保持积极、乐观的心态。这样的心理会让男孩的思维变得敏捷、记忆力增强，让他对生活充满信心。反之，如果男孩经常处于悲观或闷闷不乐的状态中，学习成绩自然也不会好到哪里去，久而久之，形成恶性循环，他便会对生活失去信心。

给男孩父母的建议

人们常说“教育要注意孩子的身心健康”，可见身和心是一个不可分割的统一体，当一个孩子变得悲观、消极、沮丧的时候，他的身体健康也会受到影响。

方法一：鼓励男孩多与他人接触

男孩自闭或者不敢表达自己的情绪，也很难拥有良好的心态，换言之，人际关系不好也是引发男孩心理问题的重要因素之一。如果父母希望男孩有一个好心态，不妨多鼓励他与人交往，鼓励他大胆地说出自己的想法。这样不仅有利于增强他与人交往的能力，还有助于他及时宣泄孤独、恐惧、焦虑、怀疑等不良情绪。

方法二：引导男孩正确地宣泄不良情绪

一天，孟伟从学校回来，一句话不说就把自己关进房间里，爸爸看到后，就去找孟伟聊天。原来，孟伟白天在学校里被一个同学误会，说他拿了那个同学的手机，虽然最后手机找到了，可孟伟还是觉得窝火。

爸爸拍了拍孟伟的肩膀说：“如果换作是我，我也会很气愤的。不过，生活就是这样的，很多时候，我们必须学会面对那些不公平的事情，但只要你问心无愧就行了，而且事情也已经水落石出，所有人都知道你是个诚实的孩子，没有偷别人的东西，对吧？其实，爸爸以前也遇到过这样的事情，你知道我是怎么做的吗？”

孟伟看着爸爸，问道：“怎么做的？”

爸爸笑着，拿来一个大抱枕，说：“打枕头大战。”说着，就和儿子打闹起来，游戏结束后，孟伟的心情已经由阴转晴了。

人活着难免会遇到不顺心的事，心情不好，男孩也不例外。成年人在遇到不良情绪的时候，可能会找人倾诉，发泄出去；但男孩年龄小不懂得如何宣泄不良情绪，只好憋在心里，久而久之，不良情绪越积越多，最后威胁到男孩的心理健康。

因此，作为父母应该及时帮助男孩宣泄不良情绪，并教育他养成控制不良情绪的习惯。

专家教你男孩怎么养

父母如何正确引导男孩养成健康的心态？

第一，引导男孩正确看待自己生活中的不完美，正确对待自己的生理缺陷。

第二，鼓励男孩多交朋友，尤其是多和乐观的朋友在一起。

第三，及早发现男孩的不良情绪，并帮助他宣泄不良情绪。

引导男孩学会科学用脑

大脑的健康、脑力的强弱直接影响着男孩的学习效果及智力的发展。然而，现实生活中，不少男孩却不懂得科学用脑，结果导致其脑力下降，甚至影响大脑的健康，因此，父母要引导男孩科学用脑。

给男孩父母的建议

大脑是男孩身体的“总指挥”，对男孩来说，大脑更是他们学习、思考、玩耍的器官。男孩小的时候，大脑正处于生长发育阶段，用脑一定要遵循适度的原则，并且注意用脑卫生。这样，一方面能保证大脑的健康发育，另一方面则能提高男孩的学习效率。

方法一：教男孩学会科学用脑

冯海在小学时期的成绩一直很优秀，但自从他进入初中后，成绩却大幅度下降。冯海的妈妈对此感到很诧异，她觉得冯海学习一向认真、刻苦，成绩为什么提不上去呢？为此，妈妈还特地带冯海去咨询儿童教育学家。

经专家了解，冯海班上的竞争十分激烈，为了赶上别的同学，冯海每天都要学习到深夜，早上还要早早地起床背诵英语和语文……对冯海来说，现在学习就像是压在他身上的一块大石头，让他喘不过气来。很多时候，冯海都想放弃了，但是想到父母的期待，他又不得不硬着头皮继续努力学习，可是他也不知道，为什么越努力成绩越不好呢？

的确，生活中不少男孩学习成绩不好，并不是因为他们的智力有问题或是他们不够努力，而是因为他们没有遵循科学用脑的原则，因此，父母应该教孩子学会科学用脑。

那么，父母应该如何引导男孩遵循科学用脑的原则呢？如果男孩学了一会儿就喊“累了”，这个时候，父母应该建议他先休息一段时间再继续学习；再比如男孩做了半小时的数学作业后，父母可以建议他做一会儿语文作业，这种交替的学习方法不易让大脑产生疲劳感，学习效率也会提高。

方法二：引导男孩在良好的状态下学习

生活中，有的男孩的饮食习惯不太好，经常来不及吃早饭，这样对男孩的大脑发育是非常不利的，由于处于饥饿状态，其脑细胞所需的葡萄糖就出现了不足，大脑便进入了休息状态，这就是为什么有的男孩早上一上课就无精打采的原因之一；再加上空腹对胃部造成的饥饿刺激，会不断地作用于大脑，更使男孩的注意力无法集中，学习自然就提不起精神来。

所以，父母一定要让男孩吃好早饭再去上学，只有身体内有了足够的营养，男孩的大脑才能更好地运行，男孩也才能更好地学习。

方法三：督促男孩劳逸结合，多运动

现在人人都提倡科学用脑，意思就是说要劳逸结合，不断加强男孩的体育锻炼。因为体育锻炼对男孩大脑的健康发育有着至关重要的作用。

下面是一位妈妈的教子经验：

我儿子14岁了，之前我从来不会让他做家务，或者花大量的时间去参加运动，因为我总觉得儿子正在学习的紧张阶段，应该把精力都放在学习上。可是渐渐地，我发现，儿子每天都窝在家里学习，但学习成绩不但没有提高，反而持续下降，而且儿子的身体状况也不是很好，这样的情况大概持续了半年，我决定带儿子检查身体，并咨询了医生。

经过询问我才知道，儿子的一系列问题就出在他不爱运动上。医生对我说，如果我想让儿子的大脑得到良好的发育、身体健康，就必须让他多运动，积极地参加各种体育锻炼。于是，我给儿子报名参加了一些初级的体能训练班，在家里也开始让儿子扫地、做家务了，这样的日子坚持了两个月，没想到儿子的学习成绩竟然有所提高，而且身体也越来越好了。

从上文的故事中，我们不难看出，适当的体育锻炼对男孩的大脑发育、智力发展和健康都有好处。所以，父母一定要多鼓励男孩去参加体育锻炼，在家中父母也应多分配给他一些家务活儿。

专家教你男孩怎么养

父母如何引导男孩正确地用脑？

第一，不要要求男孩长时间地学习，要遵循科学用脑原则。

第二，通过观察，发现男孩大脑最活跃的时间，引导他在此时间段内学习。

第三，劳逸结合，让男孩多运动，运动能够促进大脑发育，让他的大脑更加活跃。

教男孩学会保护自己的眼睛

随着时代的不断发展，人们的生活水平在不断提高，但人们患上近视眼及各种眼病的概率也在不断升高，尤其是那些年龄不大的男孩，这是为什么呢？这其实与父母的养育方式息息相关。

男孩年龄尚小，他们对很多事情都没有一个正确的认识，比如眼睛的重要性，应该如何保护眼睛，如何正确用眼，这个时候，如果父母没有及时对男孩进行正确的引导，那么就可能影响男孩的眼部健康。

给男孩父母的建议

作为父母，除了要督促男孩好好学习之外，更有责任督促男孩保护好自己的眼睛。

那么，父母如何来保护男孩的眼睛呢？

方法一：让男孩养成健康的用眼习惯

现代生活中，有的男孩生活不规律，不是早上赖床就是晚上睡得太晚，这样一来，眼睛得不到良好的休息，自然会影响眼睛的健康。有一些条件好的家庭，给男孩买电脑、各种游戏机，结果男孩整天沉迷其中，一天对着电脑几个小时甚至十几个小时，久而久之，不成“小四眼”才怪呢！因此，父母一定要严格限制男孩上网、看电视的时间，而且要让男孩经常起来活动活动，在学习一段时间后，也应该让他向远处看看，不要造成用眼疲劳，此外，还可以给男孩规定作息时间，如晚上最晚几点睡，几点以后不得看电视等。

当然，父母还要为男孩准备好硬件设施，即保证室内的光线不要太强也不能太弱，最好给男孩安装一个护眼灯，并且在日常生活中多让男孩吃一些对眼睛有好处的食物。

方法二：定期带男孩去检查视力

情景一

“你的儿子上次视力检查是什么时候？”

“不太记得了，好像是他们学校的体检吧！”

情景二

“你关注过儿子的视力状况吗？”

“哎哟，这个还真没怎么关注过，不过他有什么问题应该会告诉我吧。”

这是大部分父母普遍存在的问题，对男孩的眼睛健康关注度不够，常常以为等到男孩感到不适后再去检查也不迟。其实，父母应该在日常生活中定期带男孩去检查视力，及时关注男孩眼睛的健康状况，只有做到防患于未然，才能将男孩患上眼病的概率降到最低。

除了定期检查之外，父母还应该要求男孩每天做一两遍眼保健操，这有助于保护男孩的视力，减轻其用眼疲劳。

方法三：矫正男孩不正确的读书姿势

李玉上二年级了，每次做作业，他都喜欢趴在桌子上。为了矫正儿子的这种坏习惯，妈妈花费了很多工夫。李玉每次回家做作业的时候，妈妈都会在旁边提醒他，一发现他坐姿不正确，就让他把腰背挺直。这样过了一个多月的时间，李玉终于改掉了这个坏习惯。

很多男孩读书写字的姿势都不正确，例如坐姿不端正、趴在桌上看书、躺在床上看书等，对于这些坏习惯，父母一定要及时帮助男孩纠正过来，例如男孩看书时，眼与书本的距离应保持 30 厘米～ 35 厘米；身体与课桌保持大约 10 厘米的距离；书本与课桌的角度要保持在 30 度～ 45 度等。

另外，父母还应该督促男孩在看电视、看电脑的时候，保持合适的距离，不能太近，时间也不能太长，以免危害眼睛的健康。

专家教你男孩怎么养

父母如何引导男孩正确用眼？

第一，严格要求男孩采用正确的读写姿势。

第二，告诉男孩用眼一段时间后就应转转眼球或向远处看看，以缓解眼部疲劳。

第三，定期带男孩进行视力检查，防患于未然。

第四，引导男孩养成良好的作息习惯，尽量不要让男孩熬夜。

睡得好，男孩聪明身体棒

生活中很多父母都会有这样的认识误区，男孩已经不再是小宝宝了，有的时候少睡一些也不会有问题。因此，当男孩央求父母自己多玩儿一会儿电脑再睡、多看一会儿书再睡、多看一会儿电视节目再睡时，父母很轻松就妥协了。于是，男孩的作息时间越来越不正常，最后，有些男孩看电视、玩电脑甚至到凌晨，要知道，这对男孩的身体健康、智力发展是非常不利的。

医学研究表明，晚上充足的睡眠可以促进孩子的生长发育，让他个头长得更高，而且身强体壮；充足的睡眠还有利于增强孩子的智力，提高孩子的学习效率；充足的睡眠还可以增强孩子的抗病能力，调节人体神经系统的功能，改善孩子的精神状态。

给男孩父母的建议

确保男孩拥有良好的睡眠对男孩的健康、学习来说实在是太重要了，那么，生活中，父母应该如何引导男孩养成良好的睡眠习惯呢？

方法一：一定要确保男孩拥有足够的睡眠时间

随着年龄的增长，男孩会睡得越来越晚，可能是因为学习的压力，也可能是因为外界吸引他的事情太多，如电视节目、网络游戏、漫画书等的诱惑。作为男孩父母，这个时候千万不能放任自己的儿子，一定要给他规定好入睡和起床的时间，帮助他养成良好的作息习惯。

当然，随着男孩年龄的增长，他的自主心理也会越来越强，这个时候，父母单方面地强制男孩什么时间入睡，他很可能不会服从，所以父母应该想办法来达到这个目的，如利用男孩的竞争心理。

小海是个9岁的男孩，因为前一阵子迷恋上一款网络游戏，常常打游戏到很晚才睡。为了改变儿子的这种不良作息习惯，他的爸爸想出了一个办法，他问小海："你想不想要一架遥控飞机？"

"想！"

"那我们来比赛吧，赢了就买给你，怎么样？"

"比赛什么？"

"从今天开始，如果你能和我一起起床、一起睡觉，坚持一个月，我就给你买！"

"那有什么难，你要说话算数！"

从那以后，小海每天都准时睡觉、定点起床。

男孩的好胜心很强，父母不妨借助这种心理，为男孩制订一个计划，并设立奖惩制度，从而与男孩一起养成良好的作息习惯。

方法二：为男孩提供一个良好的睡眠环境

男孩睡不好与他的睡眠环境也有关系，因此，父母应该尽量为男孩提供一个良好的睡眠环境，那么，父母应该如何做呢？

首先，不要让男孩在有光线或光线太强的地方睡觉，因为光线会让男孩的身体处于紧张状态，无法达到深度睡眠，身体和精神都得不到彻底的放松与休息。

其次，要减少室内的噪声。

最后，为男孩购买一套舒适的被褥及枕头，每天躺在干净、舒适的床上入睡，他一定会获得良好的睡眠。

方法三：注意及时宣泄男孩过大的心理压力

10岁的沈瀚上三年级，他的学习成绩很好，经常受到父母和老师的夸赞。每次，学校有什么大型竞赛，老师都会推荐沈瀚去参加，沈瀚对此产生了巨大的心理压力，一方面担心自己做不好，另一方面又不想让老师和父母失望……

一次，在演讲比赛的前一天晚上，沈瀚把演讲稿练了一遍后，准备睡觉，可躺在床上以后，怎么也睡不着，但一想到明天还要比赛，今天一定要养好精神，沈瀚就有些着急，强迫自己赶快睡觉，但就是睡不着，最后，急得沈瀚哭了起来。

第二天，沈瀚发挥得很不好，从那以后，他每天都睡不好，经常失眠……

过于繁重的学习压力、父母过高的期望，都会给男孩带来压力，因为男孩年龄小，不懂得如何宣泄压力，久而久之，压力越积越多，最后，很容易导致男孩出现压力型失眠，对他的学习、成长很不利。因此，父母应尽可能减轻男孩的负担，适当地安排休闲时间，这样不仅能保障男孩健康的睡眠，也能让他学习更有效率。

专家教你男孩怎么养

父母如何打造男孩的优质睡眠？

第一，时间法，引导男孩养成良好的作息习惯。

第二，环境法，给男孩创造一个良好的睡眠环境。

第三，心态法，不要给男孩太多压力，并且引导他养成乐观向上的心态。

陪男孩一起运动

男孩小的时候好动、喜欢上蹿下跳，但如果父母想让他投入到运动中，比如，清晨去跑步，周末跳绳半小时……他往往会找出很多理由拒绝："我不舒服。""我的作业还没做完呢！""天太热了，会中暑的。"……虽然男孩体内有过剩的精力，但除非做他喜欢、感兴趣的事情，否则他宁可躺在床上睡觉、坐在电视前看动画片，也不愿意清晨和你一起去做运动，锻炼身体。

小乐8岁了，从小他就不喜欢运动，再加上父母对他的宠爱，基本上什么家务活儿也不让他做，现在他的体重已经达到了100斤，成了一个名副其实的小胖子。现在他走一会儿路就感觉累得不行，每天起来后，还经常会觉得头晕，带他到医院检查后，医生告诉小乐的妈妈，小乐是缺乏运动造成的，要加强运动。

于是，小乐的妈妈开始给小乐制订各种运动计划，但都被小乐拒绝了，看着儿子的身体越来越差，小乐的妈妈真的不知道该怎么办了。

对于成长发育中的男孩来说，运动不仅仅是为了锻炼身体、强健体魄，同时还能更好地促进大脑的发育，磨炼意志，增强自信心。因此，父母应该想办法督促男孩多运动，让男孩养成锻炼身体的好习惯。

给男孩父母的建议

作为男孩的父母，不妨为他制订一份适合他的运动计划，让男孩真正地参与到运动中来，并且鼓励、监督男孩按照计划执行下去。这样不仅能使他身强体壮，而且可以锻炼他的意志和自控能力。

方法一：培养男孩经常运动的好习惯

暑假来了，国栋坐在房间里计划着这几天的行程——和小伙伴约好一起爬山、逛街、去游乐场……这时，他的爸爸走了进来："儿子，干什么呢？"

"安排一下我的时间，这几天我要和朋友出去玩儿！"

"整个假期都安排好了？"

“当然不是，爬山、逛街、去游乐场，再看场电影，也就一周吧！”

“那之后你打算做点儿什么？”

“还没想好！”

“有没有想去学点儿什么，或者和我一起去健身房练习自由搏击？”

“学什么？”国栋问爸爸，这时爸爸四处看了看，正好看到国栋墙上贴的一张海报，海报上一个大男孩在滑滑板，爸爸又想到，前一段日子，国栋的确也总在嘴边念叨着有关滑板的事情，于是就说：“有没有兴趣参加暑期滑板训练班？”

“滑板？真的吗？你给我报了那个训练班？”国栋激动地问。

“还没报，在询问你的意思！”

“好的，我愿意！”

一周后，国栋参加了暑期滑板训练班。刚开始几天，国栋都很积极，但是很快他就告诉爸爸他不想去了，爸爸询问原因，他就说自己练不会，还总是摔跤。爸爸就耐心地对儿子说：“任何一个滑板高手都是从你这步走过来的，而且，你要相信自己，也要不怕困难，你是个男子汉，怎么能摔了几次就要放弃呢，你忘了上课的时候你说的话啦，你不是想要练习好了滑给小伙伴看吗？”国栋点点头，明白了爸爸的意思，从那以后，国栋再也没有说过不练了的话，反而比以前更加积极了。最后，国栋终于学会了滑滑板，而且在第二年的少儿滑板比赛中取得了不错的成绩。

对于男孩来说，运动的好处是非常多的。但是，面对生活中那些懒得动的男孩，父母可真是要费些心思了。男孩喜欢做的事情，不用父母催促，他也会做得很好；而他不喜欢做的事情，即使最后在父母的权威下服从，也大都怀着应付的心态去完成。所以，父母不妨选择男孩喜欢的运动项目，或者开动脑筋引起男孩的兴趣，引导他参与到运动中去。

方法二：让男孩一边玩儿，一边运动

上个月，戴维的妈妈给他买了一台笔记本电脑。然而，这台笔记本电脑一到家，就把戴维所有的运动健身计划全都打乱了，晚饭后，他不再和爸爸一起到楼下散步，周六周日也不再去健身房锻炼了，而是把所有的业余时间都用在玩电脑游戏上。看着戴维整天沉迷游戏，妈妈很着急。一个偶然的机会，妈妈发现了一个好办法。

一次，妈妈叫戴维吃饭，看到戴维又在玩电脑游戏，就问："你每天都在玩什么啊？"

"就是一款跳舞的游戏，很好玩儿，而且可以安装跳舞毯玩儿呢！"

"舞蹈游戏？"妈妈突然灵机一动，接着说："儿子，你跟妈妈说，你是不是特别喜欢跳街舞？"

"当然啦！跳街舞多帅啊！"戴维停下手上的动作说道。

"那妈妈送你去学跳街舞好不好？"

"真的吗？太好了！"

随后的两天，戴维的妈妈给戴维报了一个街舞班，从此之后，戴维再也不一有时间就对着电脑了，而且主动恢复了之前的锻炼。妈妈问他原因的时候，他说："老师说了，想把街舞跳得好，就得有好的身体，所以，就得好好锻炼！"这下，戴维的妈妈再也不用担心儿子的运动量不够或者沉迷电脑游戏了。

面对"懒儿子"，父母往往还有很多"妙招"可用。比如，利用男孩强烈的竞争心理，与男孩比赛踢球；当然，父母还可以利用男孩爱玩儿的心理，将运动以游戏的方式进行；利用男孩的好奇心，带男孩去实践一些比较新奇的运动项目，比如，带男孩去学习冲浪……

其实，世界上没有懒惰的男孩，只有没有引导好男孩的父母。换言之，只要父母积极地开动脑筋，对男孩多些耐心，男孩往往会乐于投身到运动之中。

方法三：鼓励男孩与小伙伴一起去运动

以下是一位爸爸的教子经验：

我儿子上三年级了，平时最喜欢的事情就是待在家里，周末或假期也很少出去，而我的工作又比较忙，能带着儿子一起出去锻炼的机会也不多，眼看着儿子的体重日益增加，我想有必要想办法让不爱运动的儿子出去锻炼锻炼了。

于是，我就找他的班主任商量，能不能在假期给男孩举办一次夏令营，结果这个提议得到了老师和其他父母的认可，就这样，孩子们的暑期夏令营开始了，我的儿子也参加了。

半个月后，儿子从夏令营回来，虽然时间不长，但我明显感觉儿子比之前精神了。他高兴地对我说："夏令营太有意思了，我已经觉得我是一个真正的男子汉了，爸爸，以后我决定要经常参加这样的活动，锻炼身体，做一个健康的人。"

专家教你男孩怎么养

父母如何让男孩爱上运动？

第一，兴趣引导法，把男孩的运动项目和他的兴趣结合起来，调动他的积极性。

第二，表率引导法，和男孩一起运动，相互督促。

第三，竞争引导法，与男孩一起比赛，引起他的运动兴趣。

及时发现、缓解男孩的心理压力

生活中，父母往往对男孩的身体状况特别关注，却很少花心思去关注男孩的心理健康。事实上，一个真正健康的孩子，不但要身体健康，更要心理健康。

男孩在成长过程中要承担更多的压力。

因为他们被要求要坚强、勇敢；因为他们性格冲动、易激动，也就更容易犯错误；因为他们喜欢和别人比个高下，更喜欢争强好胜，所以会产生与他人比较之后的痛苦……

父母应该积极引导男孩正确面对压力，及时疏导压力，让他更积极、更阳光地看待人生中的一切问题。

给男孩父母的建议

要想帮助男孩，首先就要了解男孩的内心世界，了解他的心理压力是什么，压力来自何处，所以，父母首先要多倾听男孩的心声，要抽出时间和男孩面对面地交谈。

方法一：安抚受委屈的男孩

男孩受到委屈时，父母就应多站在男孩的角度上去理解男孩、安慰男孩；当男孩向父母表达自己的某种心情时，父母应在耐心倾听的同时多说一些安慰男孩的话。

王建从学校回家后，一直不高兴，妈妈问他出了什么事，王建说：“今天下午，明明不是我打张浩的，可是老师硬说是我打的，真气人！”这时，妈妈说：“明明不是你打的，老师硬说是你打的，真气人！”王建觉得妈妈是站在自己一边的，气也就慢慢地消了。

通过以上方法，父母可以最大限度地安抚受委屈的男孩，使他的抑郁情绪得到及时宣泄。

方法二：不要限制男孩的情绪流露

男孩的喜怒哀乐等情绪是毫无掩饰的，他们爱说、爱笑、爱哭，这都是正常的情绪反应。但生活中，很多父母却并不了解情绪自然流露对孩子心理健康的意义：

“哭什么哭，就知道哭，长大了有什么出息！”

“天天就知道傻笑，除了傻笑，你还会干什么！”

“你怎么天天垂头丧气的。”

都说“男儿有泪不轻弹”，但男孩毕竟还小，如果人为地控制他的情绪表达，强行地让他自我压抑，最终可能会使男孩不堪重负，而导致其心理失衡。

面对男孩所受的委屈，父母应该表现出豁达与理解。如果你希望男孩坚强些，那不妨告诉他：“哭吧，把你的不开心全都哭出来，然后再擦干眼泪，做一个坚强勇敢的小男子汉！”

方法三：引导男孩正视并克服成长中的恐惧心理

男孩大都喜欢和小伙伴一起玩耍、一起游戏，但正因为如此，他们也常常会因为与自己的小伙伴意见不合而被孤立，这个时候，他们就会表现得很恐慌。

这时，父母应该及时发现男孩的变化，并教育困惑的男孩坚持原则，不对的事就一定不能做；要让男孩知道，能够做到不随波逐流是很不容易的，这正是一个男人成熟勇敢的表现。

方法四：给男孩树立正确的榜样

面对不可避免的成长压力，父母应该让男孩知道，压力每个人都会遇到，是不可避免的，即便是父母也常常会有烦恼的时候。

赵峰 11 岁了，是个聪明好学的孩子，一直在班级中担任班长。一次，在工作中他与同学发生了摩擦，并因此受到了老师的责备，被撤掉了班长的职务。从此以后，赵峰一直压力很大，学习成绩也明显下降了。他的妈妈知道后，对他说："知道吗，发生在你身上的事情，其实根本不算什么，每个人都会遇到压力，我也不例外，前段日子，我负责公司的一个项目，结果出现了一些差错，受到了上司的严厉批评，也差点儿丢掉主管的位置，当时我也很难受，但是随后我就想谁让我犯了错误呢，受到批评是应该的，接下来，我更应该把工作做好，让上司看到我的能力，对不对？"

"嗯，妈妈，我知道该怎么做了！"

生活中，父母不妨效仿以上故事中的妈妈，给男孩树立一个实际的榜样，以增强男孩的勇气和信心。

专家教你男孩怎么养

父母如何帮助男孩及时释放压力？

第一，别对成长的男孩提太多要求。

第二，不要限制男孩的情绪流露，如果他想哭，就让他尽情地哭，要知道哭是缓解压力的好方法。

第三，以身作则，让男孩在父母的身上学会正确地释放压力。

第十一章

读懂男孩的心，陪他走过青春期

青春期是男孩从儿童向成人过渡的关键期，

父母总是觉得青春期的男孩叛逆、难以管教，

总是有很多话说不出口，不知道如何同男孩谈性，

不知道如何缓解男孩的心理压力，

……

其实，青春期的男孩并没有父母想象中的那么叛逆、难管教，相反，这个时期的男孩因为心智日趋成熟，只要父母的教育方法得当，他们很容易和父母成为无话不谈的朋友。

顶嘴、耍脾气——破解男孩的行为

不少父母觉得，自从孩子上初中后就不一样了：开始爱顶嘴，不再对父母言听计从；开始对父母耍脾气，为了一点儿小事就发火……男孩为什么如此不听话？

由于升学、人际关系等压力的增大，处在青春期的男孩心理发生变化，如果没有对其进行适当引导，男孩很容易在认知、理解、运用等环节产生技能和心理上的障碍，尤其是在一些非正常的外界因素影响下，往往会激发他们潜意识的反抗，刺激他们对外界采取抗拒行为，最典型的就是和父母顶嘴、耍脾气。

给男孩父母的建议

有的父母感觉对孩子的教育颇为棘手：打骂不行，放任不行，孩子又听不进说教。那么，父母如何面对和教育青春期的男孩呢？

方法一：想要男孩尊重你，你要先尊重他

幽幽虽然只有12岁，但说起话来已经头头是道了，尤其是在和妈妈顶嘴的时候。比如幽幽作业没做完就去看电视，妈妈说："没做完作业不能看电视。"他就说："我有权决定什么时候做作业。"妈妈气得关掉电视不让他看，他就叫起来："你已经严重侵犯了我的个人权利。"

每个男孩都渴望得到别人的尊重，尤其是对于青春期男孩来说更是如此。假如父母一味地去强迫、命令孩子，就会引发他的逆反心理。聪明的父母会如何去做呢？以上面这个故事为例，当男孩回答"我有权决定什么时候做作业"后，你可以用轻柔、和蔼的语气与男孩讨论："那么，你打算什么时候做作业呢？"……

成功的家庭教育，应是父母舍得拿出时间跟孩子以平等的态度进行对话、交流，对孩子正确的想法和行为给予充分肯定，让孩子在尊重中快乐地成长。人的兴趣、爱好和才能本来就各不相同，孩子适合做什么就做什么，人生的路让孩子自己去走。

方法二：给男孩一些自由玩耍的权利

很多父母都经历过类似的事情，天已经很晚了，男孩在同学家玩儿却始终不回家，任凭你多么苦口婆心，他就是不听你的。此时，父母应该怎么办呢？其实，男孩不愿意回家，多半是因为玩儿的兴趣正浓，此时，父母不妨让男孩和同学尽情地玩耍。

适度让男孩有一些小小的权利，让他自己做决定，让孩子有被尊重的感觉。但父母必须确认事情的重要性，因为有些事情还不能让孩子自行决定。例如孩子生病了，该不该看医生、该不该吃药等，这些事必须由父母来决定。男孩在掌控事物的同时也能得到安全感，有助于减轻他的抵触情绪。不过父母也应该让孩子知道，做任何决定之前都要经过仔细的考虑和认真的评估，并且要懂得承担后果。

专家教你男孩怎么养

父母如何教育不听话的男孩？

第一，停止对男孩的说教。

第二，时刻记得尊重男孩。

第三，与男孩多沟通，了解他的心理需要。

第四，凡事多与男孩进行协商，不要给男孩提太多要求。

陪男孩一起走过叛逆期

随着男孩渐渐长大，他的主意也会多起来。可能某一天，你就会突然发现，原来那个听话的男孩变了，你说什么，他就偏不做什么。这突然的转变，会让你觉得措手不及，也气愤不已，你可能会感慨，男孩怎么越大越难教呢？

其实，这是男孩的叛逆期到了，每个男孩都有叛逆的阶段，不同的是，有的男孩表现得强一些，有的男孩表现得弱一些。一般来讲，男孩会有两个叛逆期，第一个是在他三四岁的时候，你越不让他做什么，他就越做，比如，你不让他爬上爬下，他就偏爬；第二个叛逆期出现在 12 ~ 15 岁，他的自我意识基本形成，会表现出明显的反抗意识，出于对自由和个性的追求，他通常会把你说的话当成耳边风。

给男孩父母的建议

父母如何帮助男孩度过叛逆期呢？

方法一：多让男孩去实践、去体验，可化解其叛逆思想

男孩之所以对很多事情固执己见，正是因为他缺少实践经验，如果此时父母只是单纯地告诉他“你的想法不对”“不行”之类的话，就会激发他的反抗心理；相反，如果父母多让男孩去实践、去体验，就能有效化解其叛逆心理。

父子俩正在散步，儿子看见路边有卖藤椅的，坚持一定要买，爸爸说离家太远，藤椅太大，抱回去太累了，而打车回家又不划算。但是男孩仍然固执己见，后来爸爸想了想，对儿子说：“买也成，但是你要负责抱回去。”男孩同意了，但藤椅真的很重，路也很远，男孩累得满头大汗，回家后他对爸爸说：“还是爸爸说得对，真的是太累了。”

父母要留给男孩足够的自我空间，让他自己去实践。在经历过一番挫折之后，自然会明白其中的道理，这远比父母费尽口舌去阻止强得多。

方法二：当男孩遭受挫折的时候给予理解和支持

14岁的许飞正处于青春期，他反抗、易怒，对一切看不顺眼的事物都极力反对、逃避，把妈妈的教导当作耳边风。

一天晚上，许飞刚从外边回来，就一头钻进了卧室，躺在床上想着一天的不如意、不顺心。他刚想伸手抱起枕头发泄，却意外地发现了一个很精致的笔记本。男孩好奇地打开笔记本，看到上面写着："儿子，我了解你对目前的生活感到不顺心。我知道做父母的不一定什么都对，但是，我和你妈妈对你的爱是全心全意的……任何时候，你都可以找我谈心，因为我也是从你那么大过来的，曾几何时，我也是一个有些莽撞的少年啊，而且，忘了告诉你，那个时候我比现在的你可要帅很多哦！如果你愿意，就让这个本子成为我们沟通的方式吧。"

在以后的生活中，每当许飞的情绪波动时，他都会把自己的想法写在笔记本上，然后交给自己的爸爸。

在男孩的成长过程中，难免会遇到一些不如意的事情或经历一些失败，此时，父母就应给予男孩一些适当的鼓励和支持，要知道，这是消除男孩叛逆心理的好方法。

方法三：将民主教育进行到底

平等、民主的教育方式是消除叛逆心理的主要手段。这就要求父母在男孩犯错误时，要给予理解和帮助，引导他认识错误的原因，指导他吸取经验教训。

那么，父母应该如何贯彻执行民主教育呢？首先，绝不可以用权威压制男孩。处于叛逆期的男孩，更像一个力度强劲的弹簧，如果父母用强势去压制，反而会引起男孩更大的反抗。因此，父母应多站在朋友的角度，在理解和爱的基础上，疏导男孩的心理，帮助他释放心中的压力。

其次，不要总是给男孩提要求。在学习上，应提一些比男孩的实际能力略高一点儿的、让他经过努力就能完成的要求，这样，男孩成功后不仅能享受到喜悦，还能增强其自信心。

最后，父母还应多理解、尊重男孩，把他当成一个有独立意识的小伙伴，给他情绪变换和思考的余地。男孩有了思想准备，就相对容易接受大人的意见了。

综上所述，父母只有进入男孩的内心世界，双方才能相处得更融洽。当父母与男孩相处融洽了，他就不会叛逆了。

专家教你男孩怎么养

父母如何正确引导处于叛逆期的男孩？

第一，不要和男孩一争到底，有的时候父母要学会变通，如果口头上无法劝阻男孩，可以让他在实践中得到教训。

第二，理解与支持是引导叛逆期男孩健康成长的好方法。

性教育——青春期男孩的必修课

进入青春期的男孩，生殖器官逐渐发育成熟，开始对性知识充满好奇，但由于羞于向自己的父母提问，男孩的性知识大多来自与同龄男孩之间的交流、书刊影视、网络等。

青少年心理学研究显示，对男孩的性教育应因男孩的年龄而异：

2 岁前的男孩，性教育主要是解决性别认同问题。此时，父母只需让男孩意识到自己与女孩的不同即可，但切忌把男孩打扮成女孩的样子，以免对男孩的性心理发展产生不利影响。

3 ~ 8 岁的男孩，常对男孩与女孩的差异感到迷惑不解。因此，他常会问父母一些问题，比如，为什么女孩会蹲着上厕所，而他则要站着之类的问题。此时，父母千万不要批评男孩提出类似的问题或者随便找些答案应付男孩，而应恰当地解释给男孩听。

9 ~ 15 岁的男孩，这个时期，父母应对男孩进行较系统的性知识教育。尤其是当男孩进入青春期后，父母必须对其进行恰当且详细的性教育，如果父母觉得不好与男孩进行正面说明，也可以借助一些故事或一些教育类的节目引导男孩对性有一个正确的认识。

此外，父母在对男孩进行性教育的同时，还需对男孩进行性道德教育，帮助他控制自己萌发中的性冲动，防止性过错行为的发生。

给男孩父母的建议

父母应在男孩还小的时候就让他明白：人身上的任何器官都是上天赐予的珍宝，没有好坏之分，生殖器官同身体上的其他器官并没有任何区别；无论是何种体型、肤色，都是美好的。

这种意识的灌输，将为男孩今后青春期及青年期的性认识奠定正确的基础。

方法一：父母的及时引导很重要

据了解，一些青春期男孩出现性困惑时，父母或者认为孩子还小，不用管；或者会走另一个极端，彻底封闭孩子的信息来源，不允许孩子谈性问题。

其实，父母谈性色变或强行干预，只会带来负面效果，应该教育孩子正确对待这种心理变化，让孩子了解人的生理发育过程。

一个12岁的男孩和妈妈一块儿看电视。当他们看到一对男女接吻镜头后不久，又看到了他们的小孩出生，他便问妈妈："接吻之后就能生孩子吗？"妈妈平静地说："不，生孩子当然没有这么简单，这其中还有很多程序……"

"哦，原来是那样子啊，那两个人为什么要接吻，然后生孩子呢？"

"孩子，就像爸爸和妈妈一样，我们彼此相爱，然后结婚，再然后就生了你啊！"

方法二：买一些有关性教育的书籍让男孩阅读

有些时候，父母觉得很难开口向自己的儿子讲述有关性的问题，不妨购买一些相关书籍，放在男孩的书桌上，让男孩自己去了解性方面的知识，这样既可以避免双方的尴尬，还可以起到教育男孩的作用。

方法三：及时疏导男孩的性困扰

父母除了要对青春期男孩进行适当的性教育、性道德教育外，还应时刻注意男孩身体发育方面出现的问题，并对男孩进行正确的指导。

当男孩遇到性困扰时，最好由爸爸与他谈心，因为随着年龄的增长，男孩一般不乐于与妈妈谈论自己身体方面的事情，对此，爸爸就应在日常生活中多关注男孩，当发现男孩哪些地方不对劲儿时，就应该及时找男孩沟通，并根据自己的经验给予男孩一些正确的指导。

专家教你男孩怎么养

父母如何和男孩谈性？

第一，大胆地开口，不要在男孩面前表现出难堪或异样。

第二，帮男孩建立正确的爱情观、性观念。

第三，引导男孩从书本等正确渠道获取必要的性知识。

让青春期男孩远离抑郁情绪

当男孩渐渐长大，你常常会听到他说出这样的话，“没意思”“真没劲”“郁闷”……很多烦恼随着他年龄的增长已经渐渐凸显出来。那么，究竟是什么原因造成青春期男孩产生抑郁情绪呢？

首先，父母与男孩关系疏离，不主动走进他的内心世界，男孩的苦闷得不到宣泄，便会自己为难自己，产生一些悲观、抑郁的情绪。

其次，男孩渐渐长大，已经开始逐步接触社会，要承受学习上的巨大压力，要面对复杂的人际关系，当他感觉力不从心时，自然会产生消极的情绪。

给男孩父母的建议

青春期男孩比女孩更容易感到郁闷，因为男孩不善于表达自己的情绪，常常闷在心里，此时，如果父母没有给予男孩足够的重视，那么，男孩就很可能产生孤僻、抑郁、焦虑等情绪。

方法一：多与男孩沟通

沟通是父母化解青春期男孩抑郁情绪的好方法。父母在和孩子沟通时，不要满足于初见成效，而应该学习教育的艺术，不断提高沟通的层次，使亲子关系达到更高的境界。

沟通其实并不难，只要父母多一些耐心并尊重男孩，男孩就会把自己心里的想法说出来。这样一来，父母就能够找出男孩产生抑郁情绪的原因，并积极地引导男孩宣泄掉这种不良的情绪。

当然，父母也应注意，在与男孩进行沟通的时候，如果涉及男孩的隐私，男孩不愿意说时，父母千万不要逼问男孩，而当男孩说出了一些父母认为不正确的事情时，父母也不可斥责男孩，而是应该予以正确的引导，这样才能达到更好的沟通效果。

方法二：多给男孩一些正面的暗示

生活中，当男孩已经出现抑郁的情绪时，父母需要通过正面的暗示来让男孩摆脱抑郁情绪。

小张考完试回到家就唉声叹气，妈妈问他原因，他就说："考试的时候答错了一道题，那道题 20 分，而且我会做，就是最后写的时候写错了，看来这次进前 10 名没戏了！"

"孩子，妈妈知道你很努力，学习注重的是过程，一两次考试的失利不算什么，再说了，哪个将军没打过败仗呢，对不对？关键看你这个'将军'能否振作起来，为下次打胜仗做准备！"

青春期男孩虽然很容易产生抑郁的情绪，但抑郁的情绪多半不会维持太长时间，只要父母在此时多给予他一些正面的暗示，他很快就会变得高兴起来。

专家教你男孩怎么养

父母如何引导青春期男孩摆脱抑郁情绪？

第一，不要总是当着男孩的面唉声叹气，而要多给男孩一些正面暗示。

第二，时刻关注男孩的情绪变化，及时了解男孩情绪不好的诱因，并加以积极地指导，及时帮助男孩摆脱不良情绪。

指导男孩健康上网

青春期的男孩多叛逆，再加上男孩正处于性发育阶段，不少父母担心男孩被网络上的不良信息教坏，甚至因为一时好奇而迷恋色情网站等。因为父母深知，上网虽然能够开阔男孩的视野，但也容易让男孩落入陷阱，如果稍有不慎，还可能做出错误的事情。

于是，不少父母采取了强制性的方式：

拔掉家里的网线；

自己不在家的时候，把电脑设上密码；

不允许男孩独自关着门在房间里上网……

但时间一长，父母就会发现，这些办法其实都只是治标不治本的。也许密码和大门可以阻止男孩接触网络的脚步，但男孩那颗渴望自由、探索未知的心却是无法阻止的，青春期的男孩更是如此。而且有时候，这种过分的阻挡，反而会成为男孩沉迷网络的加速器。

那么，父母如何引导青春期的男孩健康上网呢？

给男孩父母的建议

受年龄、性别和社会经验所限，男孩往往更难抵御网络不良信息的侵扰。迫于此，有的父母采取极端措施，“陪”男孩上网，或者干脆不准男孩上网；有的父母由于管不了男孩，采取了放任的态度……

方法一：不要逼迫男孩与网络脱离关系

李先生一到孩子放暑假就坐立不安，因为放假时，儿子强强每天总是喜欢玩会儿电脑。为防止儿子染上网瘾，李先生从孩子坐在电脑前就开始紧张起来，一直在房间内走来走去，对孩子不断啰唆，接下来干脆在电脑上设置了密码，甚至拔掉了网线。强强对此非常生气，经常偷偷跑到外面的网吧去上网。

其实，孩子每天上网不超过两小时，一般不能算是网瘾，父母大可不必过于紧张。而且，网络作为现代社会不可或缺的交流工具、学习工具，对孩子的学习和生活也是十分有帮助的。

明智的父母不会告诉男孩再也不要上网，而是积极地引导他健康地使用网络，如何利用网络来学习知识、充实生活。

方法二：多寻找、利用网络中的积极因素

任何事物都有利弊，网络也是如此。只要利用得当，网络不仅可以为孩子提供学习上的帮助，更能为孩子的成长带来益处。

比如，你可以给孩子推荐一些健康、有意义的网站，这样孩子就可以和同学一起学习交流；你还可以让孩子通过自己传图片、写日志，提高其作文水平，同时也能让孩子留下自己成长的印记。

方法三：沟通是预防青春期男孩染上网瘾的好办法

上网成瘾的男孩有个共同特点：性格孤僻内向、不善交际、情感淡薄，与父母的对抗特别激烈。改善这种情况的最有效办法就是加强父母与孩子之间的沟通。

下面是一位爸爸的教子经验：

我儿子小佑14岁了，去年开始接触网络游戏，很快就到了痴迷的程度，经常旷课逃学，学习成绩明显下降。上学、放学接送，限制零花钱，为电脑设置密码等方式，都无济于事。后来，我从心理专家那里得知，沉迷网游的孩子内心大多比较封闭，所以要首先打开孩子的心扉。

我决定改变我的教育方式。最初，我让儿子与我一起住，我们一起玩游戏、一起踢足球……渐渐地，儿子感到我们的关系不仅是父子，更是朋友。他逐渐向我敞开心扉，从开始时向我请教一些不懂的电脑游戏知识，过渡到他在学习、交友遇到烦恼时倾听我的意见。

成为朋友后，我开始向儿子提及沉迷网游的害处，并时常给他讲一些孩子因沉迷网游而犯错的故事，不断触动他的心灵。在他对网游的危害有一定认识后，我就试着给他讲一些有趣的计算机知识。儿子喜欢画画，我就叫他在电脑上画漫画，还教他使用画图软件和动画制作软件，他学得很认真，很快就能自己动手做一些简单的动画了。

渐渐地，儿子开始走出他曾沉迷的网络世界。

从这位爸爸的故事中我们不难看出，教育孩子最好的方式不是恐吓，不是打骂，也不是说教，而是沟通。只有父母与孩子保持着一种畅通的沟通关系，孩子才会接受父母的正确引导。

专家教你男孩怎么养

父母如何引导青春期男孩健康上网？

第一，多和男孩沟通，及时发现男孩的心理问题。

第二，安装“安全保护”软件，屏蔽不健康的网站和信息。

帮助男孩正确面对早恋

随着青春期的到来，激素的分泌增加，男孩对异性产生好感是很正常的事情。这种情感，是男孩在成长中自然流动的一种生命气息和情绪。

男孩的早恋行为，是最让父母头疼的。教育少了，怕影响男孩的学习，带来很多不良后果；教育多了，则怕男孩会产生逆反心理，和长辈对着干……父母真是进退两难。

给男孩父母的建议

青春期的男孩懵懂地喜欢某个女生，其实这种情感本质是美好的，它是男孩成长的一种标志，也是男孩认识自我、发现自我的一面镜子。所以，父母应该选择自然、理解的态度去处理男孩早恋的问题。

方法一：多给男孩一些关注，及早发现男孩的早恋倾向

应对男孩早恋的最好方法，就是早发现、早提醒、早帮助。日常生活中，父母一定要多留心男孩的变化，以便及早发现男孩早恋的行为。一般来讲，男孩早恋的倾向主要体现在以下几个方面：

他最近突然变得很爱打扮，一向朴素的他，竟然要求父母添置时髦衣服；

他的学习成绩突然有明显下降，并持续了一段时间；

活泼好动的他开始变得沉默起来；

他回家后喜欢一个人躲在房间里，不太喜欢和父母交流；

他对某异性的名字特别敏感；

他经常会在无意间谈起公园、溜冰场等场所。

父母在平时一定要细心，只有及时察觉到儿子的变化，才能及时为其提供帮助。

方法二：不要强迫男孩，最好采取“跳”“冻”“隔”的法则

青春期的男孩刚好处于叛逆期，因此，这个阶段父母千万不要过于强迫男孩，更不要说一些过分的话，以免激起男孩的逆反心理。

不少父母一旦发现男孩有什么情感方面的蛛丝马迹，不是搞侦查追究，就是围追堵截，采取各种手段防患于未然。其实，大可不必这样，否则叛逆的男孩就会想，既然你们不相信我，干脆我就找个朋友谈谈，看你们能把我怎么样！于是，原本只是与同学正常交往，由于父母的猜疑而使事情走向了反面。

作为男孩的父母，当发现孩子的心思被某个女孩牵走了，最好的办法是运用“冷处理”，即采取“跳”“冻”“隔”的法则。因为当男孩产生恋爱情感时，随着憧憬与激动，也会为社会环境压力等因素而苦恼。父母要从旁加以引导，要耐心地倾听男孩的诉说，并给男孩以热情、严肃的忠告，让男孩“跳”出来，将感情“冻”起来，要告诉男孩学生时代谈恋爱成功的可能性非常小，早恋对中学生的学业有影响。总之，尽量把两个孩子“隔”起来，少接触。父母的教育既要和风细雨，又要有严肃的态度，不能埋怨、责备，帮助孩子走出早恋的困惑是需要一定的时间的。

方法三：加强爸爸在此阶段的教育分量

想很好地和青春期的男孩沟通，少了爸爸是不行的，因为这个阶段的男孩大都已经把自己当成男子汉了，所以，他们有些事情会乐于与自己的爸爸分享。

作为爸爸，应该告诉男孩爱情的定义，一般来说，青春期的所谓“好感”“喜

欢”是不能被称为“早恋”的。男孩青春期的情感，大多是纯真的友谊，会随着年龄的增长渐渐趋于理性。爸爸把这些告诉儿子，相信他会慢慢沉淀自己不够理性的爱。

此外，爸爸还可以在日常生活中，适当给男孩讲讲有关什么样的男人最有魅力之类的问题，帮助他摆正自己在生活中的位置，让他对成熟的男人有一个更形象的了解。

专家教你男孩怎么养

父母如何正确引导男孩直面早恋？

第一，切忌大惊小怪，早恋是一件很正常的事情，父母不必看得太严重，相反，应该让男孩觉得这并不是一件大事。

第二，多向男孩提供一些情感教育，让男孩弄清早恋与爱情之间的区别。

让男孩远离暴力、血腥的电视节目

男孩大都喜欢看科幻或者武打片，因为在这样的片子中，他们的英雄情结得以发扬，而他们的情绪也得以在那些惊险的动作场面中得到宣泄，但问题随即也产生了，此类电影中大都有一些暴力、血腥的情节，这其实对青春期男孩的成长是很不利的。

给男孩父母的建议

父母都清楚暴力、情色电影对青春期男孩的不良影响，那么，父母应该如何做才能避免男孩受到不良影响呢？

方法一：以身作则，父母不应看这类电影

生活中，爸爸作为男人，也喜欢冒险、刺激，因此，他们在选择观看影片的时候，也往往会选择那些情节刺激、暴力的电影。

因此，想要避免男孩看此类电影，父母尤其是爸爸首先应以身作则，不要看此类电影，以免给男孩带来错误的暗示：男人都该看惊险刺激，甚至有暴力情节的影片。

方法二：陪男孩一起观看一些有教育意义的影片

父母还应该多抽出点儿时间陪男孩一起观看一些有教育意义的影片，如描写亲情的或者是关于成长类的励志影片等。

此外，父母在陪男孩一起观看影片的同时，还可以就影片中的一些内容和男孩一起探讨，可以询问男孩对故事中的主人公不畏艰辛、最终成功的看法等，这样一来，还有助于提高男孩的观察力、记忆力、表达能力等。

一天，13岁的男孩小陈正在家里看一部描写黑社会的影片，还模仿着影片中的场景，喊着："打他，打死他！"这时，爸爸走过来，对儿子说："你还在看这种片子，真没想到你这么落后哦！"

"这可是最新片啊，我们班上很多同学都看了，你看，他们多威风啊！"

"不，他们一点儿都不威风，不过我这里有一部片子，据说现在全世界的人都在看哦！"其实，那就是一张普通的碟片，爸爸这样说只是为了吸引男孩的注意。

"真的？"

"我骗你干什么，好了，你在这边继续看这个吧，我去客厅看这部片子啦！"

"等一下，我也去，这个先不看了！"说着，男孩也跟着出来了。

于是，两个人坐在客厅看起那部描写在困难之中努力奋斗的励志影片来，片中有非常多的感人情景，男孩忍不住流下了眼泪，看完之后，男孩对爸爸说："这个男孩真的很勇敢，我会像他一样的！"

专家教你男孩怎么养

父母如何引导青春期男孩免受暴力、血腥电视节目的不良影响？

第一，和男孩一起看那些有教育意义的影片。

第二，多沟通，让男孩树立正确的价值观。

生命教育——教男孩正确认识生与死

青春期的男孩因为正处在由儿童到成人的过渡期，所要承受的压力剧增，这个时候，当男孩觉得现实与理想之间的距离太过遥远或受到挫折后，往往会冒出轻生的念头，即使他们没有轻生的念头，也偶尔会为了一些事情以死来威胁自己的家人——“你们要是再逼我，我就死给你们看”“你们要是不让我和 ×× 在一起，我就死给你们看”……

男孩阿亮 15 岁了，即将中考，学习压力非常大，然而就在这个时候，他却遇到了自己喜欢的女孩。为此，他在这个女孩身上花了很多心思，陪女孩一起逛街、看电影……随后，阿亮的成绩开始持续下降，妈妈得知此事后，找来了阿亮，严厉地批评了他，并且要求他马上和女孩分手，但阿亮不愿意，还和妈妈吵了一架。

阿亮的妈妈并没有因此放弃，随后便到学校找了老师，还找了女孩的父母，这么一闹，女孩的父母给女孩转了学，阿亮就此消沉了下去。

在一次考完试后，阿亮又和妈妈吵了起来，这一次，他直接跑了出去，想到女孩，想到自己很差的学习成绩，想到妈妈说自己没用的话，阿亮顿时对生活失去了信心，他开始自言自语地问自己活着为了什么，他活着的希望是什么……

晚上回家后，阿亮便在自己的房间里吞服了安眠药，虽然阿亮最后得救了，但他的状态却一直非常消沉。

我们都知道，青春期的男孩往往要承受来自各方面的压力：青涩感情中的压力、父母的压力、学校的压力……一旦这个时候他遇到了挫折或失去了什么，就会变得很脆弱，在这种情况下，男孩能否振作起来，就与他们受到的生命教育程度息息相关了。

给男孩父母的建议

男孩一路的成长轨迹都是在家人的呵护下进行的，但当他们进入青春期后，随着学习压力的增加和人际关系的复杂化，他们才逐渐明白，生活变了，他们无法再像小时候一样生活了。

此时，父母必须给他们一颗坚强的心，以此来应对生活中的不顺，摆正对待生命的态度。

方法一：引导男孩认识生命的价值

“妈妈，你知道人为什么要活着吗？”14岁的男孩东东突然问妈妈。

“为什么想到问这个问题呢？”

“因为我今天看了新闻报道，说发生了地震，死了很多人，很多人受苦，那么，既然受苦为什么还要活着呢？”

“儿子，你这个问题问得很好，人因为爱而活着啊，就比如面临大灾难的时候，他们要去救自己的父母，陪着自己的父母，因为这些爱，人坚强地活着，幸福地活着，也骄傲地活着！”

“那我也要好好地活着！”

“你当然要好好地活着啦，因为爸爸妈妈都很爱你，为了爱，你也要坚强地活着！”

“嗯，我知道了，我会为了爱，坚强地活着……”

如果男孩已经进入青春期，他问你这个问题，往往表明他的生活出现了问题，他需要你的帮助，这时，你就应灵活地转变答案，告诉他是为了理想而活着，为了责任和目标而活着……当然也可以深入询问男孩问这个问题的原因，并引导男孩重新认识生命的价值。

无论你如何回答男孩的问题，你必须向他灌输这样一种思想：活着是幸福的，无论遇到什么困难，都应该坚强勇敢地活下去。

方法二：让男孩明白，生命有开始也必然要走向结束

现实生活中，男孩不可避免地要接触到死亡，如他辛辛苦苦养的宠物死了，身边的亲人过世了……这些都是父母对男孩进行生命教育的好时机。

当然，值得一提的是，父母在对男孩进行生命教育的时候，千万不要欺骗男孩，比如，很多父母都会这样向男孩解释死亡："他去了很远的地方，那个地方很好，他会在那里好好地生活……"这虽然是善意的解释，但很容易让男孩对死亡产生错误的理解。相反，父母应该让男孩接受死亡的事实，告诉他死亡是生命的必经过程，谁都会经历，只有他正视死亡，长大后才能承受住身边生离死别的痛苦，才能更加珍惜自己的生命。

专家教你男孩怎么养

父母如何对男孩进行生命教育？

第一，强化男孩对生命价值的认识。如果一个人无法正视生命的价值，就很难找到活着的意义，就可能产生轻生的念头。

第二，强化男孩对死亡的认识。死亡是每个人都必经的一个过程，只有教会男孩正确地认识死亡，他才能更加珍惜生命。

第十二章
沟通讲艺术，倾听有技巧

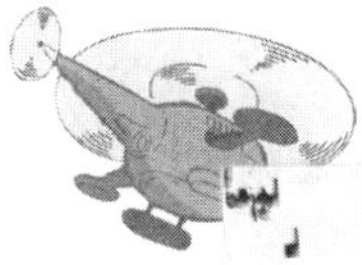

和男孩沟通，最困难的事情就是父母不知道怎么说，更不知道怎么让孩子说。跟男孩沟通是一门大学问，那么，父母到底应该注意什么呢?

在孩子做了好事时，父母要夸奖他；

在孩子遇到困难时，父母要鼓励他；

在孩子沮丧时，父母要安慰他；

多留一些空间给男孩，让他多说；

……

只有这样沟通，父母才能清楚地了解孩子内心的想法，才能知道孩子的需求与问题的根源，孩子才乐于听、乐于说。

表扬男孩有学问——目的明确，态度真诚

峰峰画了一幅很漂亮的山水画，他兴致勃勃地跑到妈妈的面前，说："妈妈，你看，这是我画的画！"

"这个……你画得真好，儿子，以后再接再厉，准能当画家。"妈妈笑着说。

"那你觉得我哪里画得好呢？"儿子高兴地问。

"哪里都好！比妈妈小时候画得好多了。"妈妈看着儿子的画，画得的确不好，但是妈妈不想打击儿子的积极性，却也一时语塞，找不出哪里好。

"妈妈，你骗人！我画得肯定不好看，要不然你怎么说不出来呢？"

"真的很好，你看，我觉得这只小鸟画得就很好！"

"那只才不是小鸟呢，我画的明明是一只雄鹰，看来我画得真的不好看，我以后再也不画画了。"说着，儿子把图画丢在地上，低着头回房间了。

每个男孩都希望得到父母的赞扬，因为赞扬是对他努力最好的肯定。夸奖、赞扬是父母鼓励男孩再接再厉的重要教育方式，恰当的夸奖，不但可以使男孩高兴，而且能够增强男孩的自信心；但不恰当的夸奖非但不能起到鼓励男孩的作用，反而会打击男孩的积极性。

因此，父母在夸奖男孩的时候，首先应弄清楚男孩被夸奖的原因，要把夸奖孩子的话说到点子上。

给男孩父母的建议（情景再现）

峰峰画了一幅很漂亮的山水画，他兴致勃勃地跑到妈妈的面前，说："妈妈，你看，这是我画的画！"

"儿子，你画得真棒，我想你一定是动了脑筋。"妈妈笑着说。

"那你觉得我哪里画得好呢？"儿子高兴地问。

"你看这山的线条，你肯定在日常生活中比较注意观察山的颜色和线条吧！不过，你能告诉妈妈，这里的树木为什么是蓝色的，而那边的小房子为什么通体

都是红色的呢？”

峰峰把自己创作时的想法一五一十地告诉了妈妈，虽然妈妈知道峰峰的想法还很幼稚，画画的水平也不高，但是当峰峰讲完之后，她依然说：“你的想法真的很好，我很欣赏你，而且我决定这周末带你去野外爬山踏青，让你感受真正的大自然怎么样？”

“好啊，好啊！妈妈万岁！那样我一定能够画得更好了！”

“是的，儿子。”

同样的事情，不同的结果，原因就在于这个例子中的妈妈给男孩提出了一个具体的问题，让男孩体会到了妈妈真诚的夸奖。其实，男孩是很乐意回答父母提出的问题的，他也希望你在赞扬他的同时，能够听听他创作的想法，因为在男孩心里，他也很注重自己努力的过程。

男孩在年幼的时候，对自己并不是非常了解，也不知道自己棒在哪里，父母帮他具体地指出来，就有利于他了解自己，建立起正确的自我认知。所以，父母在夸奖男孩的时候一定要有针对性。

所以，父母在日常生活中夸奖男孩某种行为时切忌笼统，而是应该把他的长处与不足切实地指出来：比如，男孩手工做得很好，父母就可以说：“你做的东西构思很好，很有创意，但美中不足是不够细心，有些小地方的黏合做得不是很好，这样很容易开胶，如果你下次多注意一下这方面的问题，相信会做得更好！”这样，你把男孩在手工上所花费的努力都说出来了，同时也告诉了他美中不足的地方，满足和自信的笑容立刻会洋溢在男孩的脸上。

类似的话父母怎么说

父母想要表扬男孩时，可以这样说：

“你考了好成绩，这是你每天放学回家后就努力做作业、复习的结果。”

“你球踢得很好，这与你每天早上坚持锻炼是密不可分的，以后要再接再厉哦！”

“这幅画画得真好，线条部分处理得很到位，而且我很喜欢这种颜色，但是这里为什么要选择黄色呢？你可以告诉我吗？”

父母在夸奖男孩的时候，一定要注意方式与方法，要针对男孩的某种很好的行为或特质进行夸奖，要把夸奖的话说得具体，说到点子上。

专家教你男孩怎么养

生活中，父母不恰当的夸奖会给男孩带来哪些不良影响？

第一，不能促使男孩成长和进步，毫无意义。

第二，容易引发男孩的不安与反感，甚至会打击男孩的积极性。

第三，使男孩丧失承受挫折和接受批评的能力。

批评男孩有讲究——有节有据最重要

夏末拿着自己的数学考试卷回来了，一进家门，他的妈妈就问："考得怎么样啊？"

"不是很好，但……我……"夏末想说自己努力了，但是还没等他说完，妈妈就接着说："好就是好，不好就是不好，哪儿来那么多借口，把卷子给我看看。"

夏末战战兢兢地把卷子拿给妈妈。

"什么，都不及格！唉，我说你是怎么上学的，我们同事家的儿子和你一样大，人家回回都考满分，你竟然不及格，你让我这脸往哪儿放啊。你说我跟你爸爸都不笨，怎么就生出了你这么个笨蛋，连这么简单的题你都做错。"妈妈看着卷子上一道非常简单的数学题说道。

"呜……"夏末听着妈妈的话，难过地哭了。

"哭什么哭，哭能考好吗……"

当天晚上，夏末趁着爸爸妈妈都睡着了，背着自己的包离家出走了，还留下了一句话："我真没用，你们就当没生过我吧，我走了！"

孩子成绩不好或犯点儿错误是难免的，姑息迁就不可取，但对孩子进行太过严厉的批评教育也是不可取的。

要知道，所有的父母批评男孩都是出于一个目的——让他越来越好，然而很多父母却忽视了批评教育的尺度，常常不顾及男孩的自尊心，结果令批评教育无法发挥其应有的作用，常常适得其反。

给男孩父母的建议（情景再现）

夏末拿着自己的数学考试卷回来了，一进家门，他的妈妈就问：“考得怎么样啊？”

“不是很好，但……我……”“别着急，慢慢说，即使这次考不好，只要你努力就行。把卷子拿给我看看吧！”

夏末听着妈妈的话，把自己的卷子递了过去。

“看来这次考得的确不是很理想啊，你能自己分析一下没及格的原因吗？”

“……考前复习力度不够，再加上做题的时候不够细心，但每天上课我都认真听讲，只是老师讲的一些内容我弄不明白……”

“妈妈相信你好好上课了，但是复习不够认真、做题不够细心却依然是你的错，对不对？”

夏末不好意思地点点头。

“那下次你要怎么做呢？”

“我一定要好好复习，做题的时候再细心一点儿！”

“这样就对了，另外，你说你上课的时候会遇到一些不明白的问题，那么，为了让你更好地理解所学的知识，我想有必要为你请一个家教补习数学。当然，如果你觉得不需要，我也会尊重你的意见，但前提是你要确保下次考试至少要考80分才行！”

“嗯，其实我不需要家教，我可以去参加数学课外辅导班。”

每个孩子都是一个个体，他不仅仅满足于被爱、被保护，更渴望得到父母的尊重与理解。显然，这位妈妈的批评方式是非常可取的。

那么，父母该如何批评男孩呢？

首先，男孩做错了事情，父母最好在私下善意地给他指出来，这样男孩更容易接受。

其次，批评还应注意方式方法，生活中，有的父母常常不经意地把自己的不良情绪强加到男孩身上，这样做是非常错误的，很不利于男孩的健康成长。

除此之外，父母在批评男孩的时候还应放下架子，把自己同男孩摆在同一位置上。在批评男孩的时候，一定要尊重他的想法，慢慢地帮他理清思路，给他讲一些你的看法，而且，要一次讲清楚，不要唠唠叨叨，更不要动不动就翻旧账。

类似的话父母怎么说

父母想要批评男孩时，可以这样说：

“你能告诉我你为什么要和同学打架吗？你不知道这是很不好的行为吗？”

“你难道没有看到小区的告示牌上写着‘不要踢球’吗？作为小区的一员，你应该遵守制度，而不是为了自己一时的高兴就破坏规矩。”

批评男孩是一门艺术，因此，父母应该努力去学习、探讨这门艺术，以便让批评发挥正确的教育作用。

专家教你男孩怎么养

生活中，父母如何恰到好处地批评男孩？

第一，批评要注意方式方法。

第二，批评要注意尺度。

第三，批评要放下父母的架子。

激励男孩有策略——恰到好处最重要

麦可在少儿朗诵大赛中荣获了一等奖，回家后，他的妈妈非常高兴，对麦可说：“你取得了好成绩，这 500 元是给你的奖励，以后继续努力，你做得越好，奖金就越多。”

从此以后，麦可就把好成绩、荣誉与妈妈的奖金画了等号。

一次，麦可因为没有好好复习，语文成绩考得很不理想。他的妈妈问他：“你怎么考得这么差，为什么不好好复习？”

“我太累了，大不了我不要你的奖金不就得了。”

“你觉得你现在是在给我学习吗？”妈妈听到儿子这么说，生气地问。

“不知道，反正我努力考好就是为了能够拿奖金，但是前一阵子我忙着学校的阅读比赛，时间太赶，所以就没复习语文，反正如果我取得了阅读大赛的冠军，你还是要给我奖励的，都一样！”

从上面的故事中，父母一定不难看出，错误的鼓励方式对男孩的消极影响。

给男孩父母的建议（情景再现）

麦可在少儿朗诵大赛中荣获了一等奖，回家后，他的妈妈非常高兴，对麦可说：“你取得了好成绩，我给你一个实现愿望的机会，好不好？”

“好，什么愿望都可以实现吗？”

“这个嘛，要分情况而定！如果是物质上的，就不能超过 300 元钱。”

“嗯，我想要妈妈给我买一套足球队队服，小伙伴都有，我也想穿上队服去和他们踢球。”

“好，没问题！为了奖励你的努力，我决定这周末给你放假，你可以不用在家温习功课，去和小伙伴一起踢球！”

“太好了，谢谢妈妈！”

从此以后，麦可更加努力地学习。

对于正在成长中的男孩来说，父母的鼓励就如同一双无形的翅膀，能够让他飞得更高更远。每个人的一生中都会遭遇成功与失败，男孩也不例外，作为父母，在男孩取得成功或遭遇失败的时候，应正确地鼓励男孩，带领他向更广阔的天空“飞翔”。

类似的话父母怎么说

父母想要激励男孩时，可以这样说：

“你很优秀，看，你以前都能把事情做好，现在也不例外，而且你一定能做得更好。”

“你已经努力了，爸爸妈妈也都看到了，换一种方式，也许你就能成功了！”

鼓励教育对男孩来说就像兴奋剂，量少了起不到作用，量多了又会让男孩“上瘾”。所以，父母在鼓励男孩的时候，一定要把握好分寸，根据男孩自身的特点合理有效地鼓励男孩。

专家教你男孩怎么养

生活中，父母如何恰到好处地鼓励男孩？

第一，鼓励男孩时为男孩设定的目标要现实。

第二，鼓励男孩的话要具体，不能太空。

第三，鼓励男孩也应看准时机。

拒绝男孩有学问——让男孩心服口服

“妈妈，你给我买这个机器人吧，求你了！”男孩站在玩具店里央求道。

“不行，家里已经有很多了。”

“妈妈，你就给我买吧！”

“说了不行就不行。”

“如果你不给我买，我就不走了！”

“那你在这儿待着吧，我自己走了。”说着，妈妈就要往外走。

这个时候，男孩哇的一声哭了起来：“妈妈你坏，你不爱我了！”

男孩小的时候总会被各种各样的玩具吸引，所以当他看到自己喜欢的玩具时，无论自己是否已经有了类似的玩具，他都想得到。于是，大多数父母采取了直接拒绝男孩的方式。

拒绝男孩的不合理要求，这本是正确的教育方式，但是拒绝也要有学问，如果像上面这位妈妈一样，直接说“不行”，拒绝的理由又不足以让孩子信服，小男孩肯定不会善罢甘休，甚至还会误认为是妈妈不爱自己了，进而产生逆反心理。

给男孩父母的建议（情景再现）

“妈妈，你给我买这个机器人吧，求你了！”男孩站在玩具店里央求道。

“咱们家里已经有这款机器人了啊！”

“妈妈，你就给我买吧！”

“妈妈前些天看到邻居家的哥哥拿了一款新版的机器人，本来我想着过两天问一下他从哪里买的，再买给你。那款机器人特别棒，有好多新的功能。我可以给你买这款家里已经有的机器人，不过，你就不能再买那一款机器人了。”

“那款机器人有组装功能吗？”小家伙显然产生了好奇心。

“当然了，而且那个小哥哥说，还可以拆开变成很多个小机器人呢！”

“那我要买那个，妈妈，你什么时候给我买？”

“等到邻居家的阿姨出差回来，妈妈就去问她，然后就给你买，好不好？”

“好！”

生活中，当男孩提出一些不合理的要求时，父母在拒绝男孩的时候，一定要找一个能让男孩信服的理由，就像例子中的妈妈一样，以给男孩购买另一款更好的机器人为由拒绝了男孩，男孩不但接受了妈妈的建议，而且接受得心甘情愿。

类似的话父母怎么说

父母想要拒绝男孩时，可以这样说：

“这个东西真的很好，但是妈妈现在不能买给你，因为……”

“买这个东西会花费很多钱，如果你买了这个东西，我们接下来的一个月里，可能都没钱买肉了……”

男孩小的时候虽然会向父母提很多要求，但是只要父母采取正确的拒绝方法，男孩一般不会无理取闹，能够接受父母的建议。

专家教你男孩怎么养

生活中，父母如何拒绝男孩的无理要求？

第一，拒绝男孩的理由要合理。

第二，耐心地引导，稳定男孩的情绪，并根据他的反应适当地给予安慰。

开导男孩有妙招——父母的耐心很重要

小夫7岁了，在父母的眼里，他和别的男孩不大一样。在家里，他爱唱歌跳舞，也很喜欢在亲戚朋友面前表现自己，家人都很喜欢他；可一到学校，小夫就像是换了一个人似的，变得非常内向、孤僻，从不主动找小朋友玩儿，也不愿和别人交谈。每次小夫的妈妈和老师劝他和其他小朋友一起玩耍的时候，他总是摇头。

一次，小夫学校组织校外露营活动，小夫回家后对妈妈说：“学校要组织露营，但是我不想去！”

“傻孩子，那么多小朋友一起，多好啊！以前我们上学那会儿都没这么好的条件，你一定得去！”

“我不喜欢和他们玩儿，我不想去，老师说了，只要父母给请假就可以不去！”

“但是我认为你有必要去，而且必须去，你总是在外人面前这么内向，以后长大了步入社会后，你要怎么办呢？”

“我说了不想去！”小夫不高兴地说。

“我说你这孩子怎么这么固执呢？”妈妈也不高兴地说。

“总之，我就是不去！再说明天我最爱看的动画片只剩最后一集了，我要在家里看电视！”小夫说完就跑回自己的房间了。

妈妈追着小夫来到他的房间里，说：“明天你去也得去不去也得去，我是不会给你请假的！”

“不去……呜……”说着，小夫大声哭了起来。

随着年龄的增长，男孩的主见会越来越多，有时父母觉得很高兴，“孩子会独立思考了，不错啊”；有时父母也感到了不小的负担，因为男孩的主张不一定是正确的，而如果男孩强烈坚持自己的主张，父母会变得无可奈何：“你这个孩子怎么这么固执呢？”

实际上，当父母遭遇男孩的固执时，首先应分析男孩固执己见的原因，切忌直接指责男孩，父母应主动与男孩进行沟通，从侧面了解男孩产生不合理想法或行为的原因，并根据原因对症下药，对男孩的行为进行正确的指导。

给男孩父母的建议（情景再现）

一次，小夫学校组织校外露营活动，小夫回家后对妈妈说：“学校要组织露营，但是我不想去！”

“傻孩子，那么多小朋友一起，多好啊！以前我们上学那会儿都没这么好的条件，你一定得去！”

“我不喜欢和他们玩儿，我不想去，老师说了，只要父母给请假就可以不去！”

“你真的不想去吗？也好，不过你要跟妈妈说说你不去的原因，可以吗？”

“就是不想去……”

“是吗？为什么妈妈觉得不是那样呢？小夫，妈妈也是从你这么大过来的，所以很多事情妈妈也经历过，你不妨和妈妈说说啊！”

“我感觉大家都不喜欢和我玩儿！”小夫低着头说。

“怎么可能呢？我们家小夫这么优秀，大家都喜欢和你玩儿。”

“可是，我一个朋友也没有。”

“傻孩子，朋友不是凭空就有的，是要自己去争取的，你知道为什么妈妈总是让你多和小朋友说说话吗？这其实就是交朋友的过程，小夫是个很招人喜欢的男孩，只要你主动一点儿，就能交到很多朋友。”

“是这样吗？”

“当然，你要相信妈妈，呵呵，要大胆地和小朋友说话、玩耍，很快你就会有自己的朋友了。我听说，学校的露营活动是收获朋友最好的方式，那你要不要去试试呢？”

“嗯，可是明天有我最爱看的动画片大结局！”

“这个嘛，你大可放心，电视上会重播的。另外，如果学校允许，妈妈陪你一起去，帮你去找好朋友，好不好？”

“好啊，好啊！”

第二天，妈妈带着小夫去了露营地，妈妈不断地鼓励小夫去找小朋友一起玩耍，在妈妈的鼓励下，小夫终于和大家玩儿到了一起，还为大家唱了一首歌。

这位妈妈的做法非常好，她有效地激起了孩子对露营的兴趣。生活中，我们还可以利用其他方法开导孩子，比如你可以适当地运用电影、电视、广播、报纸、杂志等媒体的正面信息来教育孩子，如果运用得当，也可以收到事半功倍的效果。

总之，父母要善于捕捉教育孩子的每个有利时机，及时启发引导。当然，这需要你有足够的耐心。

类似的话父母怎么说

父母想要开导男孩时，可以这样说：

“我也觉得你想要的这件玩具很棒，但是妈妈现在没带那么多钱，咱们下次买好吗？”

“睡觉的时间到了，即使你现在睡不着，也不能坐在沙发上看电视了，你可以在床上躺着听音乐。”

随着男孩年龄的增长，自信和学习事物的能力也会逐渐增强，此时，只要父母引导得当，固执的男孩也能具备坚韧不拔的品格，进而获得周围人的尊重、认可。

生活中，父母如何开导男孩？

第一，找出男孩不喜欢去做某事的真正原因。

第二，分担男孩的痛苦，帮助他摆脱没有自信等心理阴影。

第三，父母注意改变自己的教育方式，提高家教的技巧。

当男孩说出梦想——父母倾听时要兴奋

一次模拟考试后，晓良拿着自己的成绩回家："爸爸，你快看，这次我的数学考了 90 分，比上次提高了 5 分，而且我们班的数学课代表这次才考了 89 分，这次的数学题特别难，但是我考得很好啊！我觉得我以后可以做数学家呢，因为有一道题全年级就我一个人做对了，我……"晓良兴奋地说着。

"哦？那其他科目呢？"爸爸漫不经心地问。

"其他科目考得也不错吧，但是没有我的数学成绩好！"晓良说。

"这有什么好高兴的？就一科成绩好管什么用？你以后考试也不能就考一门数学，想当数学家其他科也要好！"爸爸不耐烦地说。

"可是我的确努力了啊！"

"努力有什么用？我不说了吗？社会需要的是综合实力，你要综合成绩好，什么时候你门门都第一时再来和我炫耀吧！现在，还太早！"

"但是我们数学老师都说了，我们这次的数学题特别难……"

"我说你不吹牛就难受是吧？你这么不谦虚，长大后肯定会吃亏的！"

晓良听着爸爸的话，伤心地哭了。但这个时候，爸爸不但没有安慰晓良，反而也生气地说："哭什么，你一个男孩子，一说你你就哭，真不知道你长大了能干什么！"

从此之后，晓良放弃了自己所有的梦想。

晓良爸爸的做法不仅不能激励孩子再接再厉，反而会浇灭男孩心中拼搏的动力之火。受到挫折的男孩本来心里就难受，而爸爸却不分青红皂白地训斥，也许，爸爸当时只是在说气话，恨铁不成钢，但无论出于什么目的，因为你不经意的一句话就很有可能给男孩造成极大的消极影响。

给男孩父母的建议（情景再现）

“爸爸，你快看，这次我的数学考了90分，比上次提高了5分，而且我们班的数学课代表这次才考了89分，这次的数学题特别难，但是我考得很好啊！我觉得我以后可以做数学家呢，因为有一道题全年级就我一个人做对了，我……”晓良兴奋地说着。

“是吗？儿子，你真棒！爸爸以你为荣。”爸爸兴奋地说。

“谢谢爸爸！但是我这次考试其他科目的成绩很一般，对不起！”

“孩子，既然你想做数学家，就一定不能偏科，所以，在日后的学习中，除了要好好学数学，还要把其他的科目也学好，知道吗？”

“嗯，我知道了，爸爸。其实，这次给我拉分的就是语文的作文，我也不知道怎么了，看到那个题目后就一点儿思路都没有。”

“你知道这是为什么吗？”

晓良摇摇头。

“因为你读的书少，脑袋里能用的知识少，今后，在业余的时间，你应该多抽出点儿时间读读书，这对你绝对有帮助的！”

“嗯，知道啦，爸爸，那这周末你陪我去书店买一些书回来吧！”

“没问题，儿子！”

听着爸爸的话，晓良对自己的未来充满了信心。

成功大都是从梦想开始的。梦想能使人的心产生一种激情，这是一种难能可贵的心灵动力，它会最大限度地激发男孩的潜能，从而促使男孩实现自己的梦想。

小男孩拥有自己的梦想，父母本来就应该为之欢呼，因为没有儿时的梦想就没有成年后的奋斗与拼搏，或许随着年龄的增长，男孩会改变自己儿时的梦想，但无论儿时的梦想最终有没有实现，它都是男孩成长过程中最美好的回忆。

生活中，当父母用心去体会男孩的梦想时，就不难发现，其实男孩的梦想是需要我们的鼓励的，也许男孩的有些梦想是无法实现的，但父母同样也应该尊重、鼓励男孩这种宝贵的梦想精神，千万不要让自己的嘲笑扼杀了男孩天真的梦想，消磨了他们成长的心灵动力。

类似的话父母怎么说

当男孩说出自己的梦想时，父母可以这样说：

“真的吗？你竟然有这样的想法，很不错哦！”

“你有这样的梦想，我很为你高兴，但是你知道想要成为歌星除了要唱歌好之外，还要具备哪些素质吗？”

父母要把男孩的梦想看成一株幼苗，要用心地去呵护，让男孩的梦想最终成长为参天大树。因此，当你听到男孩有了一个梦想的时候，你就应该给他送上一个肯定的微笑，并通过自己的经验，将他的梦想与现实生活结合起来，让他知道，他的梦想很棒，但要实现那个梦想，现在必须努力学习。这样一来，男孩既收获了拥有梦想的喜悦，又能在你的引导下将实现梦想的动力转移到目前的学习中来。

专家教你男孩怎么养

生活中，当男孩说出自己的梦想时，父母应该如何对待？

第一，肯定男孩有梦想的行为。

第二，为男孩的梦想感到兴奋。

第三，切忌正面评价男孩的梦想不切实际，而是应该从侧面引导男孩。

当男孩说出沮丧——父母倾听时应认真

小柯最近转学了，转学前他是学校中的尖子生，但转学后，因为学校教学进度不同，小柯在最近的一次模拟考试中考得很不理想。

“妈妈，我不想上学了！”小柯沮丧地说。

“怎么了？”

“我感觉自己很笨，这次考试我考得很不好！”

“是吗？你考了多少？”

“我的名次在班级中才排第 34 名。”

“什么，那么差，天啊，你最近是怎么了？都在忙什么？”

“我没忙什么！”

“那怎么可能考得这么差呢？以前你都是班级里的前几名啊！”

“我也不知道。”

“你怎么这么笨啊，考得不好你自己都不知道？”

“对啊，我就是笨，所以我刚开始就跟你说我不想上学了！”

人生在世，不如意的事情十有八九，有的男孩因为遇到了挫折与困难而沮丧；有的男孩则因为考试失利而沮丧；有的男孩因为技不如人而沮丧……

男孩的沮丧会让他对自己失去信心，对自己的未来感到迷茫。这种沮丧的情绪若长期得不到缓解，就可能危害男孩的身心健康。

给男孩父母的建议（情景再现）

“妈妈，我不想上学了！”小柯沮丧地说。

“怎么了？”

“我感觉自己很笨，这次考试我考得很不好！”

“为什么，怎么这么说呢？你在妈妈眼里是最聪明的。”

“我的名次在班级中才排第 34 名。”

“你是因为这个而难过吗？人生总是有起有伏，你也不能太在意一两次的得失啊！”

“可是，我之前考得都很好，这次竟然考得这么差，我突然觉得自己很没用、很笨！”

“傻孩子，怎么能遇到一点儿挫折就妄自菲薄呢？你要相信自己，你很优秀，另外，你知道自己为什么会考试失利吗？”

“嗯，转学前我们的学习进度比这里的慢一些，不少考试内容我都没学过，而且老师的教学方式有些不同，我听课的时候感觉很费力！”

“你看，你分析得很好啊，这并不是你的问题，你也并不笨啊，只是来到一个新的环境需要适应罢了，所以，你要多给自己一点儿耐心，并且要相信自己，只有这样，你才能重新赶上去啊，对不对？”

“嗯！我知道了，妈妈，谢谢你！”

同样的事情，为什么会有两种截然不同的结果呢？

其实，问题的关键就在于，后者让男孩说出了自己的沮丧，并鼓励男孩摆脱沮丧情绪，而前者则加剧了男孩的沮丧情绪。

类似的话父母怎么说

男孩说出沮丧时，父母可以这样说：

“不，孩子，其实你很棒，只是你还需要多一些努力！”

“没关系，孩子，把你想说的话都说出来吧！”

事实上，当男孩倾诉自己的沮丧时，父母首先要做的就是倾听，让他说出自己的不快，这也是让男孩释放不良情绪的过程。同时，父母还应以认真的态度对待，让男孩感受到父母对自己的关爱与重视。

在男孩倾诉沮丧情绪的过程中，父母还应积极地开导男孩，并适时地说一些鼓励他的话，这样可以让男孩保持进取心，帮他排忧解难。

专家教你男孩怎么养

生活中，当男孩情绪沮丧的时候，父母应该如何做?

第一，倾听并鼓励男孩说出自己的苦恼。

第二，在男孩倾诉沮丧情绪的同时，父母应予以恰当的开导和鼓励。

第三，在男孩面前做好表率，不要总是让他看到你沮丧的样子。

当男孩讲出心事——父母倾听时要耐心

上初一的毛毛最近在学校遇到了一些事情，心情很不好，这天回家后，他决定和自己的妈妈谈谈："妈妈，我有点儿事，想和你说！"

"什么事，赶紧说，我正做饭呢！"

"就是，我们学校里有一个女同学送了我一个礼物，我……"

"什么？有女同学送你东西？毛毛，妈妈可跟你说啊，你现在的主要目的可是学习，那些乱七八糟的事情，你可别想，再说你现在才多大啊，赶紧把那个女同学送的东西还给人家，实在不行，妈妈就去学校找你们老师谈谈。"

"妈妈，不是那样的，你别动不动就上学校找老师行吗？我就是想跟你说说，你看你，真是的。"

"怎么了，你妈还说错了不成，你现在的本职任务就是学习，才多大的孩子，就学人家早恋！"

"谁说我早恋了，无语了，早知道不和你说了，反正说了也白说，总之，如果你去学校找老师，我就再也不去上学了！"说完，毛毛转身回房间了，当天晚饭他也没吃。

上文男孩的妈妈错就错在她总是自己在说，却没有给男孩开口的机会，没能让男孩说出自己的想法。

其实，父母在教育男孩的过程中，应该给男孩说的机会，给男孩表达自己内心感受的机会，让父母了解他内心的苦恼，而有心的父母也会借此帮助男孩化解他内心的苦恼。

生活中，大部分父母都能够看出男孩是有心事的，但是处理起来却总是不得要领。那么，父母怎样做才能帮助男孩化解心事呢？

给男孩父母的建议（情景再现）

“妈妈，我有点儿事，想和你说！”

“什么事儿，赶紧说，我正做饭呢！”

“就是，我们学校里有一个女同学送了我一个礼物，我……”

“是吗？”正在切菜的妈妈突然停了下来，拉着男孩走到客厅，接着说，“看来我的儿子长大了，已经开始有女孩喜欢了！能告诉妈妈她都送了你什么吗？”

“一个钱包，说想和我做朋友！”

“是这样啊，那你是怎么想的呢？”

“我不知道，我想了好长时间，不知道怎么回应她！”

“那么，你喜欢那个女孩吗？”

“说不上来，但她是我们学校的校花！”

“那她一定很漂亮，而她主动送你东西也说明你很优秀啊，但是，你们现在都是初中生，主要目的是学习，所以应该以学业为主，对不对？另外，妈妈不反对你们做好朋友，但是，你一定要分清楚好朋友与女朋友之间的差别，你们现在还小，对很多事情想得都不全面，很容易把对朋友的好感错误地理解成情人之间的好感，对不对？”

“那我应该怎么办呢？”

“让妈妈想想，我觉得你作为一个男子汉，既然收了人家的礼物，也应该回给对方一份礼物才对，并且你可以告诉她，你们现在可以做很好的朋友，如果真的有缘分，那么，你们长大了也可以在一起啊，对不对？”

“对！谢谢妈妈，那你帮我选份礼物好吗？”

“当然没问题，儿子！”

父母一定要认真对待男孩的心事，并且留给男孩足够的倾诉空间。想要成为称职的父母，就必须学会倾听，并从中听出男孩的弦外之音，从而真正了解男孩的真实想法，只有了解了男孩的真实想法后，父母才能够有效地帮助男孩化解他的心事。

类似的话父母怎么说

男孩说出心事时，父母可以这样说：

“你为什么觉得老师是在故意针对你呢？”

“告诉爸爸，你喜欢那个女孩吗？”

生活中的很多事情都是有原因的，父母的责任就是通过男孩说的话去发现事情的原因，然后帮助男孩分析并解决问题。只有这样，父母在对男孩进行思想教育的时候，才能做到心中有数，有的放矢，才能让男孩不被心事所累，更快乐地成长。

专家教你男孩怎么养

生活中，当男孩向父母倾诉心事的时候，父母应该如何对待？

第一，认真地倾听男孩的心事，试着发现男孩的弦外之音。

第二，父母多给男孩倾诉的机会，并引导男孩说出自己的想法。

第三，不要责备男孩的想法，而是应该站在男孩的角度去考虑这些问题，体谅男孩，并帮助男孩一起寻找解决办法。

当男孩提出要求——父母倾听时要分辨

“妈妈，我们周末去爬山吧，我想要抓一只蝴蝶。”萌萌说道。

“什么，你这周还得去补课呢！再说我周末还有很多工作要做，难道你的作业都做完了吗？”

“没有，就剩下一个实验作业了，我……”萌萌还没说完，他的妈妈就打断了他的话。

“那不行，别整天想着出去玩儿，在家好好读书比什么都强，你看看你们同学王涛，人家学习那么好，天天都在家复习……”

“行了，就会天天说我，我去爬山就为抓蝴蝶做实验作业，我们的作业就是做一个蝴蝶标本，并且写一篇郊游日记，现在我不去了，作业我也不交了！”萌萌说完就跑回了自己的房间。

男孩小的时候，都喜欢玩耍，这是男孩正常的心理需要，但现实生活中父母大都望子成龙心切，希望男孩努力学习，将来出人头地，常常给男孩提出很多要求，不给男孩任何讨价还价的余地，这势必会影响男孩的健康成长，使男孩的身心受到束缚。

给男孩父母的建议（情景再现）

“妈妈，我们周末去爬山吧，我想要抓一只蝴蝶。”萌萌说道。

“儿子，为什么想去爬山了呢？你的作业都做完了吗？”

“爬山就是为了做作业啊，我们老师给我们留的实验作业就是写一篇郊游日记和做一个植物或昆虫标本，我想做一个蝴蝶标本，而且，我也想出去走走了，就去上次我们去野炊的那个地方好吗？”萌萌说道。

“哦，原来是这样啊，不过明天妈妈下午有事，我们要去的话只能早上一早去，你能起得来吗？”

“能，妈妈。那我们就早上去吧，早上的空气还好呢！”萌萌高兴地说道。

“好的。那你早上可不能赖床啊！”

“遵命！哈哈！”

不了解男孩内心想法的父母，是不称职的父母。父母需要一双慧眼，了解男孩内心深处的想法，这样男孩才能健康、快乐地成长。

类似的话父母怎么说

当男孩提出要求时，父母可以这样说：

“跟我说说你想要那本漫画书的原因好吗？”

“爸爸答应你就一定做到，不过爸爸平时工作太忙了，你要提前一天提醒爸爸哦！”

小男孩虽然年龄不大，记忆力却很好，当他提出要求时，就一定是认真的，甚至是想了很久的，父母应该认真对待，千万不要认为男孩还小，就随便哄他一下，而是一定要给男孩做一个很好的表率，说到做到，切不可出尔反尔。

专家教你男孩怎么养

生活中，当男孩提出要求时，父母应该如何做？

第一，了解男孩要求背后的真正含义。

第二，认真对待男孩提出的要求。

第三，一旦答应了男孩的要求，就应说到做到。

当男孩诉说委屈——父母倾听时要理解

小乐今天在学校里受了委屈，回家后，他哭着对妈妈说：“妈妈，在学校里有人欺负我。”

“怎么了，先别哭，慢慢说！”

“上课的时候，小明拿了我的钢笔，我让他给我，他不给我，我们就吵了起来。后来老师把我们都叫到了办公室，小明一到办公室就哭了，老师就以为是我的错，不仅批评了我，还罚我值日一周！”

“这样啊，那我明天去找你的老师好好谈谈，怎么能不分青红皂白地冤枉人呢？好了，你别哭了，去洗脸，我们吃饭吧！”

小乐听了妈妈的话，反而哭得更厉害了。

这是因为小乐没能从妈妈身上获得自己想要的安慰。其实，很多时候，男孩向家人倾诉委屈，并不是希望家人为自己打抱不平，只是希望家人能够给予自己一些安慰。

的确，男孩在向父母诉说委屈的时候，情绪大都比较激动，但父母不能先乱了阵脚，而是应该冷静地看待问题。一个男孩能够在父母面前说清楚自己受了委屈，往往说明男孩非常信任父母，并相信父母会支持他、理解他。因此，父母应该认真地去倾听男孩的委屈，并站在他的角度上去理解他。

当然，男孩的委屈中往往也包含了一些“告状”的成分，他希望父母去惩罚那些欺负自己的人，从而肯定自己的行为。此时，父母就应对男孩进行积极的引导，告诉男孩不能只看对方的缺点，也应关注对方的优点。

值得一提的是，父母一定要让男孩主动诉说，当他说出自己的感受时，还应鼓励其说出原因，以便提高男孩的认识。

此外，父母在听男孩诉说委屈的时候，切忌用大道理去压抑男孩的情绪，而是应引导男孩学会换位思考，让他心平气和地从其他人的角度去看待问题。

最后，父母还应与男孩一起讨论解决问题的办法，并尽量鼓励他自己去解决问题。

给男孩父母的建议（情景再现）

小乐今天在学校里受了委屈，回家后，他哭着对妈妈说：“妈妈，在学校里有人欺负我。”

“怎么了，先别哭，慢慢说！”

“上课的时候，小明拿了我的钢笔，我让他给我，他不给我，我们就吵了起来。后来老师把我们都叫到了办公室，小明一到办公室就哭了，老师就以为是我的错，不仅批评了我，还罚我值日一周！”

“好孩子，别难过，妈妈知道你受委屈了，晚上给你做点儿好吃的，好不好？”说着，妈妈抱了抱小乐。

小乐默默地点点头，已经不怎么哭了。

“小乐，你知道为什么明明不是你的错，最后，你却被批评了吗？”

“为什么？”

“其实，当小明拿了你的笔后，你不应该在课堂上和他争抢，而是应该等到下课后再要，如果他坚持不给你，你就可以去找老师帮你，这样一来，老师自然就能清楚地知道谁错了啊！再说，你的老师每天要负责很多事情，有些事情，他难免会有一些失误，对不对？而且，你在课堂上与小明抢东西，本来也是有错的，对吗？”

“嗯，我知道了，妈妈！”

“嗯，这才是好孩子呢！另外，你知道小明为什么要抢你的钢笔吗？”

“他说那是他的钢笔，前两天他也买了一支，可是找不到了，他看到我就说我的这支是他的，可是我这支笔尖是金色的，他的那支是黑色的。”

“哦，那你就应该跟他讲明，把这个差别告诉他，也许他并不是成心的，只是误以为你拿了他的笔，对不对？”

“嗯！”

“那现在去洗洗脸，然后去做作业吧，妈妈要去做小乐最爱吃的鸡翅了，好不好？”

“好！”

在男孩诉说委屈的时候，不要以为男孩都是坚强的，就忽视了他的感受。那么，父母应该如何安慰受委屈的男孩呢？

儿童心理学家研究认为，拥抱是最能化解男孩委屈心理的方式之一。当父母给予男孩拥抱时，他不安或紧张的情绪很快就能得到平复。

的确，安慰和鼓励是非常好的教育方法，它能够化解男孩心中的不愉快，让他感受到父母的关爱，健康、快乐地成长。

专家教你男孩怎么养

生活中，当男孩受了委屈后，父母应该如何做？

第一，认真地倾听男孩所受的委屈，让他的不良情绪得到宣泄。

第二，在男孩诉说委屈的时候，给予他一些建议，并引导他多站在别人的角度去思考问题。

第三，恰当地安慰并鼓励受委屈的男孩。

第十三章
克服教育禁忌，让男孩更好地成长

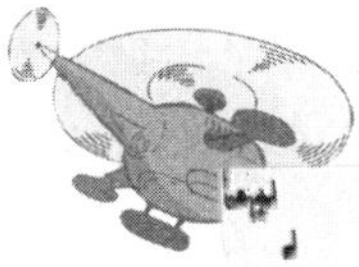

在教育男孩的过程中，父母千万不要犯下面九种错误：

不允许男孩宣泄自己的情绪；

用金钱做诱饵，诱导男孩学习；

用命令的方式强迫男孩服从管理；

拿男孩的短处和别人家孩子的长处做比较；

经常贬低男孩，打击他的自信心；

经常恐吓男孩，让他背负很多压力；

经常对男孩进行打骂教育；

答应男孩的事情经常做不到；

帮助男孩掩盖过失，为男孩的错误推卸责任。

“不许哭”——不要压抑男孩的情绪

“啪!”

梳妆台上的一瓶香水掉在了地上，碎了，妈妈赶紧从厨房走出来，只闻见满屋子的香水味儿。

“你怎么这么不听话，你不知道那瓶香水很贵吗？能不能老老实实地待一会儿？”

“妈妈，那不是我弄的，我一直在客厅，那是猫弄的，你闻它身上还很香呢!”

“行了，我又没怪你，错了就错了呗，还往一只不会说话的猫身上推，你说说，你怎么这样呢？”

“可是……那真的不是我，呜呜……”

“哭什么哭，不准哭!”

结果，小男孩听了妈妈的话后，哭得更厉害了。

小男孩之所以哭，是因为妈妈错怪了他，他觉得委屈，而妈妈说“哭什么哭，不准哭”并没有认同男孩的委屈，而是觉得男孩在无理取闹，明明自己错了还推在猫的身上，孩子见妈妈变本加厉地冤枉自己，便哭得更厉害了。

给男孩父母的建议（情景再现）

“啪！”

梳妆台上的一瓶香水掉在了地上，碎了，妈妈赶紧从厨房走出来，只闻见满屋子的香水味儿。

“你怎么这么不听话，你不知道那瓶香水很贵吗？能不能老老实实地待一会儿？”

“妈妈，那不是我弄的，我一直在客厅，那是猫弄的，你闻它身上还很香呢!”

“行了，我又没怪你，错了就错了呗，还往一只不会说话的猫身上推，你说说，你怎么这样呢？”

"可是……那真的不是我，呜呜……"

"真的是猫？"（这个时候，应该给男孩一个解释的机会，以此来分辨你是否真的冤枉了他）

"是的，我一直在客厅看电视，刚才我也听到了摔碎东西的声音，然后就看见猫从卧室走出来，我把它抱起来，它身上还特别香，接着你就出来了……"

妈妈走到孩子的身边，抱起猫一闻，猫的身上果然都是那瓶香水的味儿，而且猫的爪子上还沾了点儿梳妆台上的散粉，这样看来，果然是猫弄的，而且妈妈仔细一想，也是，听见声响自己就出来了，儿子不可能跑得那么快，马上回到沙发上看电视啊。

"儿子，对不起，妈妈错怪你了！"

小男孩睁着眼睛，不哭了，还主动要帮助妈妈收拾摔碎的香水瓶。

事实上，男孩与父母一起生活，彼此之间发生一些摩擦是很正常的，但是如果双方缺乏信任只会使双方的感情恶化。

因此，父母在教育男孩时首先要做的就是信任他，这样孩子才能感觉到自己的分量和重要性。

类似的话父母不能说

"明明是你错了，还生气，不准生气！"

"你有什么好哭的，一点儿都不知道羞……"

事实上，无论是成年人还是小男孩，生气、哭泣等都是情绪所需，哭并不是软弱的表现，仅仅是一种心理防御，因此，父母不能压抑男孩的情绪。

专家教你男孩怎么养

生活中，父母如何正确地帮助男孩疏导不良情绪？

第一，告诉他，男儿有泪也轻弹，让他正视哭这件事，不要觉得男孩哭就是可耻的。

第二，闲暇时多和男孩谈谈心，把父母的人生经验讲给他听。

第三，尊重男孩，不要强制他别哭、别生气等，而是应该分析他哭的原因。

“考好了要啥买啥”——别用金钱塑造男孩

“妈妈，期末考试的成绩发下来了。”

“是吗，快拿给妈妈看看。”

“嗯，给你，看完之后，请帮我签个字。”

“好的，嗯，考得还不错，竟然是满分哦！”

儿子笑着点点头，没说话。

“你想要什么，妈妈买给你作为奖励，以后如果你都考 100 分，我还奖励你！”

的确，我们身边有很多类似上文故事中的父母，他们常常会把金钱作为孩子考好的奖励，事实上，这样的做法是错误的，为什么呢？

男孩很小的时候，对金钱并没有什么具体的概念，若父母总是在生活中将钱和物质享受作为男孩的奖励，那么，久而久之，男孩就会变得眼中只有钱了。

其实，教育男孩，我们不能只看最后的结果，而要更多地关注男孩的成长过程，男孩的每一次进步都是值得表扬和鼓励的，只要父母选对了奖励的方式，孩子就会更加有动力，进步会更加明显。

给男孩父母的建议（情景再现）

“妈妈，期末考试的成绩发下来了。”

“是吗，快拿给妈妈看看。”

“嗯，给你，看完之后，请帮我签个字。”

“好的，嗯，考得还不错，竟然是满分哦！”

儿子笑着点点头，没说话。

“既然你进步，那我应该好好奖励你一下，让我想想，奖励你什么呢？”

“妈妈，我能不能自己选择你要奖励我的东西啊？”

“这个嘛，当然可以，不过不能超过 300 元钱。”

"没超过，我想要一套足球队服，我们班好多同学都有，200 多元一套。"

"既然没超过 300 元，那妈妈就答应你，周末就去买吧！"

"太好了，妈妈万岁！"

"嗯，你要知道，足球队服是你努力学习得来的，以后都要好好学习知道吗？"

"没问题。谢谢妈妈！"

类似的话父母不能说

"只要你考好了，你要什么我就给你什么。"

"如果你考好了，我就奖励你 1000 元钱，以后每考好一次就奖励 1000 元。"

父母在奖励男孩成绩进步时，一定要适可而止，不能总是用金钱或物质作为诱饵来引诱男孩努力学习。当有一天你无力承担男孩提出的奖励时，你又该用什么去换取男孩的好成绩呢？

专家教你男孩怎么养

父母如何正确地奖赏男孩？

第一，不要给男孩灌输太多有关金钱的概念，不要每次都拿金钱当作让男孩努力的诱饵。

第二，让男孩自己选择他想要的，当然在给他选择权之前，你要规定好选择的范围。

"不行就不行"——不做"专制型"父母

"爸爸，冰箱里有冰镇可乐吧？"说着，小男孩已经打开了冰箱门。

"马上就吃饭了，别喝冰可乐！"在厨房忙乎的爸爸说道。

"可是我很热！"说着，男孩已经打开可乐喝了起来。

“你这孩子当我没说话是吗？我都说不行不行，你怎么还喝？”说着，爸爸走到儿子的身边一把抢过儿子手中的可乐。

儿子看着爸爸，哇的一声就哭了出来，爸爸也没理会他，转身就进了厨房，还说：“可乐对身体不好，以后再也不要喝了，回家后不管热不热，先喝点儿热水！”

其实，在日常生活中，常常会遇到类似的事情，当孩子与父母意愿相悖的时候，不少父母都会抛出一句“我说不行就不行”“按我说的办”等而执行自己的意愿。

的确，很多父母强制的意愿都是正确的，是为了男孩好，但是，父母似乎也忘了一件同样重要的事情，那就是对男孩的理解与倾听。像上文中小男孩的爸爸，如果他能理解男孩从外面玩耍回来有多热，他可能就会给男孩倒一杯凉开水，但不会说出“我说不行就不行”之类的话。

儿童心理学家研究发现，男孩长时间生活在强制型的家庭中，对其大脑思考及自我表达能力都存在着一定的制约。渐渐地，男孩就会放弃自我思考的能力，不愿意向人表达自己的想法。

给男孩父母的建议（情景再现）

“爸爸，冰箱里有冰镇可乐吧？”说着，小男孩已经打开了冰箱门。

“马上就吃饭了，别喝冰可乐！”在厨房忙乎的爸爸说道。

“可是我很热！”说着，男孩已经打开可乐喝了起来。

“很热吗，那你先去洗个澡，我给你倒一杯白开水，一会儿再喝冰的。”

很显然，如果男孩想喝冰可乐的愿望被爸爸满足了，他就会按照爸爸说的去做。此外，爸爸在给男孩准备白开水的时候，还可以告诉男孩，刚从外面回来，很热，马上喝凉的对身体不好，而且可乐喝多了也会影响身体健康。这时候，男孩大都能理解爸爸的话，而且会按照爸爸的指示去做。

类似的话父母不能说

“闭嘴，我说什么就是什么！”

“我是你爸爸（妈妈），你就得听我的！”

“你懂什么，作为父母，我能不知道吗？”

“我已经决定了，你不做也得做！”

此时，父母可以想一下，这种命令的方式、这种压制男孩思维的行为，会有利于男孩的成长吗？先不说它可能带来的负面影响和严重后果，就光看这生硬的口吻，男孩会接受吗？这样做的直接后果就是加重男孩的叛逆心理，你越不让我做，我就偏要做，到时候，父母又该怎么办呢？

专家教你男孩怎么养

生活中，父母如何与男孩正确地沟通、协商？

第一，千万别告诉男孩“你得听我的”。

第二，让男孩说出他的原因，并一起讨论、分析。

第三，与男孩协商、讨论的时候，切忌用命令的口吻。

“你看看人家”——不要拿男孩与别人做比较

情景一

“妈妈，我要迟到了，你快来帮我系鞋带吧！”小风着急地说。

“你自己系鞋带吧，我在给你做早饭呢！”厨房里传来妈妈的声音。

“我不会。”

“你这孩子！”无奈，妈妈只好放下手上的活儿，走过来给儿子系鞋带，在系鞋带的时候妈妈说：“你看看你李阿姨家的小海，和你一样大，人家都会系鞋带，你怎么就不会呢？”

情景二

一天，晓明邀请自己的好朋友君君来家里玩儿，那天，君君从萨克斯风的补习班下课后就直接去了晓明家里。

晓明一看到君君就赶忙向妈妈介绍：“妈妈，你看，这就是我常说的君君，我们是很好的朋友。”

晓明的妈妈一边给君君准备水果，一边和君君闲聊了几句，后来君君还为晓明的家人演奏了一曲萨克斯风。

君君走后，晓明的妈妈一边收拾东西一边对晓明说：“你说你们是很好的朋友，可你看看人家，什么都会，你怎么就这么差劲呢？”

晓明听着妈妈的话，脸色沉了下来。

一般父母可能习惯了拿自己的孩子与别人的孩子做比较，总是觉得自己孩子应该比别人家的孩子聪明懂事，在同等条件下，甚至更加优越的条件下，儿子就应该比别人强，无法忍受自己家的孩子不如别人家的孩子。

其实，小风妈妈在说那样的话的时候，并没有更喜欢小海的意思，她只是觉得小风应该学着自己去做一些事情了，但是她没有正确地表达出自己的意思，反而让小风误会了；而晓明的妈妈只是希望自己的儿子变得更加优秀，但因为表达方式不对，反而伤了晓明的心。

由此可见，父母动不动就拿自己的孩子与别人做比较，可能会造成严重的后果。因此，为了男孩的健康成长，父母最好不要说“你看别人家的孩子……”“为什么你不行”之类的话。

生活中，类似的例子不胜枚举。想要激励、帮助男孩，绝非“你为什么不行”“你看别人……”等就能做到的。

给男孩父母的建议（情景再现）

情景一

“妈妈，我要迟到了，你快来帮我系鞋带吧！”小风着急地说。

“你自己系鞋带吧，我在给你做早饭呢！”厨房里传来妈妈的声音。

“我不会。”

“好吧。”妈妈走过来给儿子系鞋带，在系鞋带的时候妈妈说：“小风，系鞋带是一件很简单的事，小海能做到，妈妈相信你也一定能做到。等你晚上回来，妈妈教你系鞋带好不好，而且我再教你系几种不同的样子，保准比小海系得好看，好吗？”

“好！”小风高兴地点点头。

情景二

一天，晓明邀请自己的好朋友君君来家里玩儿，那天，君君从萨克斯风的补习班下课后就直接去了晓明家里。

晓明一看到君君就赶忙向妈妈介绍："妈妈，你看，这就是我常说的君君，我们是很好的朋友。"

晓明的妈妈一边给君君准备水果，一边和君君闲聊了几句，后来君君还为晓明的家人演奏了一曲萨克斯风。

君君走后，晓明的妈妈一边收拾东西一边对晓明说："晓明，你要好好把握这个机会，君君是个不错的孩子，你们以后要多相互学习，知道吗？当然，如果你有什么兴趣爱好，且不是三分钟热度，妈妈也是绝对支持的。"

晓明听着妈妈的话，点点头，高兴地说："我想学画画，君君也在学，他说我画得很好。"

类似的话父母不能说

"你看看人家 ××，你怎么就这么差劲呢？"

"你怎么就不能像 ×× 一样省心呢？"

父母应该知道，小男孩也一样有自尊，也一样爱面子。如果父母总是拿他和别人做比较，不但会给他形成一种比较的心理，还会影响他与小伙伴之间的友谊。更重要的是，父母说出这样的话对教育男孩没有丝毫意义，反而可能会让男孩产生逆反心理，破罐子破摔，所以父母千万不能拿男孩与别人做比较。

专家教你男孩怎么养

生活中，父母如何避免拿男孩与别人做比较？

第一，多发现自家男孩身上的优点。

第二，不要当着男孩的面说别人好，他不好之类的话。

“你这么笨”——不要贬低男孩

“儿子，把你今天学的故事给我背一下吧！”

“好的！”儿子开始背诵了起来。

“嗯，不错，那把爸爸昨天教你的那首古诗也背一遍吧！”

“欲穷千里目……”男孩想了一会儿，实在没想起来就说，“爸爸，我记不清了！”

“什么，昨天才背的，今天就忘了，你怎么这么笨啊！”

日常生活中，很多父母都说过贬低孩子的话。如果碰巧男孩非常内向，那么，当他听到这样的话以后，自尊心就会备受打击，很有可能也认为自己是一个很笨的孩子，从而放弃努力或者变得更加自卑。

给男孩父母的建议（情景再现）

“儿子，把你今天学的故事给我背一下吧！”

“好的！”儿子开始背诵了起来。

“嗯，不错，那把爸爸昨天教你的那首古诗也背一遍吧！”

“欲穷千里目……”男孩想了一会儿，实在没想起来就说，“爸爸，我记不清了！”

“没关系，儿子，别着急，再想想！”

“是不是有个‘更’字？”

“对！”

“我知道了，是‘更上一层楼’！”

“儿子，你真棒，就是这句，如果你再接再厉，你的语文成绩也会更上一层楼的！”

男孩还小，他们需要父母耐心地教育与引导，此时，面对男孩犯的小错误或小失误，父母应予以鼓励，而不是责骂，更不能说出“你怎么这么笨”等话。

类似的话父母不能说

“你怎么这么笨，长大以后能干什么？”

“天哪，这么简单的事情你都做不好，我真怀疑你是不是我的儿子！”

男孩毕竟还小，他还没有能力自我调整心态，当父母说了打击男孩的话以后，他往往会长时间沉浸在难过的情绪之中，甚至由此产生逆反心理，再也不努力去做事情了。因此，当男孩犯了错误或失误的时候，父母要帮助他树立起自信心，引导他去克服困难，解决问题。

专家教你男孩怎么养

父母如何处理男孩的过错与失误？

第一，多鼓励。男孩出错或失误后，内心也会很难受，这个时候，父母应该鼓励他，帮他建立起自信心。

第二，多体谅。谁小的时候都犯过错、失误过，因此父母应该多体谅男孩，毕竟他的年龄不大。

第三，多引导。男孩犯错也好，失误也罢，这都不是最关键的问题，关键的问题是父母能够正确地引导男孩改正错误，避免失误。

恐吓不是办法——别让男孩背负太多的压力

“爸爸，明天就是数学竞赛的日子了，我好紧张啊！”

“紧张什么，好好答题就是了！”

“我怕我考不好！”

“说的什么话，你一定得考好，复习了这么长时间，只许成功不许失败！”

“但是……”

“但是什么？我可都跟我的同事说了，你这次一定得拿第一，你可别让我丢人啊！”

由于压力，男孩第二天的考试发挥失常，他连第三名都没拿上……

当一个男孩产生了害怕失败的心理后，压力是巨大的，如果这种压力得不到缓解，势必会影响他的正常发挥。

有些父母可能会说，那让孩子把压力化成动力不好吗？但是，男孩毕竟不是成年人，有的成年人都承受不了那种压力，更何况是一个男孩呢！

其实，真正会教育男孩的父母，常常不会给男孩太多压力，当男孩表达自己害怕失败的想法时，他们大都会安慰男孩，告诉他不要太看重成败，最重要的是过程，再说失败是成功之母，经过不懈努力，一定能获得成功。

给男孩父母的建议（情景再现）

“爸爸，明天就是数学竞赛的日子了，我好紧张啊！”

“紧张什么，好好答题就是了！”

“我怕我考不好！”

“孩子，其实你没有必要担心自己考得不好，要知道，你能参加这次竞赛，就已经很棒了！所以，你就只管放开了去考试，很多时候，过程可比结果重要得多，相信自己，爸爸以你为荣！”

“嗯，谢谢你，爸爸。”

儿子明白了爸爸的话的意思，瞬间就感到轻松了。第二天，他发挥得非常好，拿到了第一名的好成绩。

同样的故事，为什么会有不同的结果呢？其实关键就在于后文中的爸爸及时帮助男孩缓解了压力，告诉他失败并不可怕。

“失败是成功之母。”但在孩子还没理解这句话的含义时，父母应该正确地引导他走出误区，让他明白，并不是成功才有收获，过程和失败也是一种收获。

类似的话父母不能说

“如果你做不到，就别回来见我！”

“下次要考第一名。”

“如果这次失败了，以后就别想再出去玩儿了。”

父母的每一个要求都要根据男孩的实际情况来定，千万不能给男孩太大的压力，否则容易事与愿违，与教育男孩的初衷相悖。

专家教你男孩怎么养

父母如何帮助男孩减压?

第一，实事求是。不要给男孩提太高的要求，而是应该尽量符合他的实际情况，这样男孩自然就不会感到压力过大了。

第二，允许男孩失败，毕竟失败是成功之母，有些时候，失败能让男孩学到更多东西。

别打男孩——暴力不是最好的解决方式

陈鑫 11 岁了。一天下午，他和小伙伴在小区里踢足球，虽然爸爸已经很明确地告诉过陈鑫不要在小区里踢球，可他还是和小伙伴去了，结果，没一会儿，邻居家的叔叔就来找陈鑫的爸爸了，说陈鑫在踢球的时候把他家汽车的玻璃踢碎了。

陈鑫的爸爸一听，气坏了，扬言非要打死这个不听话的孩子不可。

陈鑫非常害怕，在家里跑来跑去，一边哭一边央求爸爸别打他了，邻居想想自己的汽车玻璃，又看看正在被爸爸教训的孩子也不好说什么，反倒安慰陈鑫爸爸说："别打孩子了，只是车窗碎了，还好我申请了保险，应该可以报销的。"爸爸一边对邻居说换车窗的钱由他支付，一边还追着儿子满屋子打。

事实上，陈鑫的爸爸并不是真的想打儿子，多半是因为邻居找上门来，一时间不好交代罢了。但是陈鑫却非常害怕，他想，爸爸怎么这样呢，爸爸不爱我了……

孩子错了，父母应该直截了当地告诉孩子，他错在哪里了，而不是说一些危言耸听的话，这样孩子不能及时地了解父母当时的做法背后的含义，很多时候，他往往会认为父母不爱自己了。此外，如果父母长时间这样说，就会在孩子面前失去原有的威信，以后再说什么，孩子都不怕了，甚至习惯了。因为他知道那不过是一句吓唬人的话而已。

给男孩父母的建议（情景再现）

陈鑫11岁了。一天下午，他和小伙伴在小区里踢足球，虽然爸爸已经很明确地告诉过陈鑫不要在小区里踢球，可是陈鑫还是和小伙伴去了，结果，没一会儿，邻居家的叔叔就来找陈鑫的爸爸了，说陈鑫在踢球的时候把他家汽车的玻璃踢碎了。

陈鑫的爸爸一听，叫来了刚回家不久的儿子："陈鑫，过来！"

等陈鑫过来以后，爸爸说："你自己听听，你都把邻居家叔叔的车窗踢碎了。"

这时的陈鑫非常后悔，心里很内疚，还有一丝丝恐惧。他在想：我应该怎么办呢？

爸爸对邻居说："非常抱歉，你看我应该怎样弥补给您造成的损失呢？要不我现在给您赔钱吧！或者……"爸爸在想一切可以弥补的方法，陈鑫见状，知道自己错得很严重，眨巴眨巴眼睛，很诚恳地说："叔叔，对不起，我错了，我不是故意的，我以后再也不在小区里踢球了。"说着，眼泪还在眼眶里打转。

原本有些生气的邻居见陈鑫这副模样，虽然还是有点儿生气但是也不好说什么了，况且他爸爸也这样诚恳。

"没关系，我的车有保险，应该能给报。我们住得这么近，我也不是过来让你们赔的。"

"那可不行，我们给您造成了损失，就要承担责任。"说着，陈鑫的爸爸就要给邻居赔钱。

陈鑫在一旁低着头没说话，但爸爸的做法却印在了他的脑子里，他想以后自己再也不能这样做了。

类似的话父母不能说

"我打死你个不孝之子！"

“以后如果再乱跑，我就打断你的腿！”

“再让我看见你随便拿别人的东西，我就把你送进监狱！”

暴力是解决不了问题的，而动不动就打孩子的行为也起不到任何教育作用，反而会降低父母的威信，疏远父母与男孩之间的关系。因此，父母应该让孩子自己认识到错误，并给他改正错误的机会。

专家教你男孩怎么养

生活中，当男孩犯错误时，父母应该如何对待？

第一，先听听男孩自己的解释。

第二，与男孩一起分析错误的原因，并引导他改正错误。

第三，多给男孩讲道理，耐心地引导，切忌打骂男孩。

第四，如果真的有必要对男孩进行惩罚，也一定要注意自己的言辞，不能说出过激或伤男孩自尊心的话。

说到做到——不要给男孩开“空头支票”

钟伟是个10岁的小男孩，一个周末，爸爸妈妈决定带他去游乐场玩儿。早上，一家人很早就起来了，钟伟妈妈在厨房里忙着做早饭，一会儿早饭做好了，钟伟妈妈就叫钟伟和钟伟爸爸吃饭。

可是钟伟说什么也不想吃早饭，说自己不饿，妈妈说：“不行，一会儿去玩儿，你怎么也得吃点儿，不然不去了。”

“好吧！”钟伟慢慢走过来，坐到桌子旁边。妈妈给钟伟倒了一杯牛奶，但钟伟接牛奶的时候，因为杯子滑，手没接住，牛奶洒了一餐桌，又流到地上，妈妈非常生气。

“你这孩子，怎么这么不听话，让你吃个饭你都不好好吃！”

“我不是故意的，杯子太滑了。”

“行了，你什么样我还不知道，本想打算一家人一起出去玩儿，你非找不痛快，不去了！”

出了这样的事情，真的很遗憾，钟伟既委屈又难过地坐在自己的房间里，不断地幻想着去游乐场玩儿的情形。

成长中的男孩总是好动的，所以，经常会做错一些事情，对此，父母应该给予理解，不管他做错什么事情，父母都应该给他解释的机会，而不是用一些承诺过的事情要挟孩子。

像钟伟妈妈做得就很不对。孩子做错了事情听不听孩子解释是一回事，而答应孩子去游乐场又是另一回事，怎么能用一件事去抵另一件事呢？原本男孩对这一天充满了期待，但妈妈取消了去游乐场的计划，男孩很扫兴。此时，他不会对错误有多少反思，多半是在想那个没有实现的计划，至于自己刚刚所犯的错误，已经不再重要了。

生活中，父母应该以身作则，做一个讲信用的人。

给男孩父母的建议（情景再现）

钟伟是个10岁的小男孩，一个周末，爸爸妈妈决定带他去游乐场玩儿。早上，一家人很早就起来了，钟伟妈妈在厨房里忙着做早饭，一会儿早饭做好了，钟伟妈妈就叫钟伟和钟伟爸爸吃饭。

可是钟伟说什么也不想吃早饭，说自己不饿，妈妈说：“不行，一会儿去玩儿，你怎么也得吃点儿，不然不去了。”

“好吧！”钟伟慢慢走过来，坐到桌子旁边。妈妈给钟伟倒了一杯牛奶，但钟伟接牛奶的时候，因为杯子滑，手没接住，牛奶洒了一餐桌，又流到地上，妈妈非常生气。

“你这孩子，怎么这么不听话，让你吃个饭你都不好好吃！”

“我不是故意的，杯子太滑了。”

妈妈知道现在责备孩子已经没有用了，牛奶已经洒了，只要让孩子认识到错误以后不再犯就行了。

于是，妈妈看着桌子上洒的牛奶，做出丰富的面部表情，似焦虑，似思索……

钟伟看得心慌，一个劲儿地向妈妈承认错误。

“钟伟，你洒了一杯牛奶，你要把地上的牛奶全部弄干净，可以吗？”

钟伟说：“啊！可以。”

“好吧。你可得快点儿呀。”

“谢谢你，妈妈！”

说着，钟伟就迅速地吃完早饭，在爸爸妈妈去换衣服的时候，拿来了拖把开始拖地。

类似的话父母不能说

“你真是淘气，原来答应你的礼物不买了！”

“如果你再不听话，就别想出去玩儿了！”

如果父母希望男孩长大后成为一个顶天立地、受人尊敬的男人，那么，从现在起，就应该为孩子树立言而有信的榜样。

专家教你男孩怎么养

生活中，父母如何做到言而有信？

第一，不要轻易承诺男孩自己办不到的事情。

第二，不要因为男孩犯了错误，就冲抵你说过的承诺。

第三，答应男孩后，如果真的不能办到，要把事情的前因后果详细地告诉男孩，并求得他的原谅。

帮男孩掩盖过失——“护犊”教育害处大

辉辉是个非常淘气的小男孩，他几乎没有闲下来的时候，不是爬爬这儿，就是跳来跳去的。

咣的一声，辉辉大哭了起来。

妈妈赶紧跑过来一看究竟，原来辉辉被门槛绊倒了。

妈妈摸摸这儿、看看那儿，生怕摔坏了辉辉，但辉辉一直哭，可能是吓坏了。

“辉辉，告诉妈妈哪里疼？”

辉辉指了指胳膊，妈妈一看，原来擦破了一点儿皮，就一边扶起辉辉，一边对辉辉说：“乖，不哭了，都是门槛的错，我们打它。”说着，辉辉的妈妈还不忘踢了几下门槛。

在这件事中，辉辉是由于顽皮弄疼自己的，所以他应该为自己的行为负责，然而妈妈一句“都是门槛的错，我们打它”，消除了辉辉认错的念头，还会让辉辉认为自己没有错，错的是门槛，久而久之，辉辉就会形成一种推卸责任的习惯。

给男孩父母的建议（情景再现）

辉辉是个非常淘气的小男孩，他几乎没有闲下来的时候，不是爬爬这儿，就是跳来跳去的。

咣的一声，辉辉大哭了起来。

妈妈赶紧跑过来一看究竟，原来辉辉被门槛绊倒了。

妈妈摸摸这儿、看看那儿，生怕摔坏了辉辉，但辉辉一直哭，可能是吓坏了。

“辉辉，告诉妈妈哪里疼？”

辉辉指了指胳膊，妈妈一看，原来擦破了一点儿皮，就一边把手伸向辉辉，一边对辉辉说：“妈妈知道，辉辉是一个勇敢的孩子。来，抓着妈妈的手站起来！”

辉辉听见了妈妈的鼓励，顿时不哭了，而是抓着妈妈的手站了起来。起来后，可能是因为疼，辉辉又哭了起来，这时，妈妈说："是不是我听错了，我家的小男子汉在哭吗？"

辉辉说："没有！刚才摔倒了，我……都没哭！"

"就是嘛，我家的辉辉最勇敢了！"

后来，妈妈问辉辉："辉辉可以告诉妈妈你是怎么摔倒的吗？"

辉辉向妈妈说了事情的经过。

妈妈说："这样啊，那下次过门槛的时候，一定要小心啊，你看摔破了多疼啊！"

"嗯，知道了，妈妈。"

类似的话父母不能说

"都是别的小朋友太能闹，所以我家宝贝才和他们打架的。"

"都是妈妈不好，让宝宝摔倒了。"

男孩在成长过程中难免会磕磕碰碰，父母不能每次都把责任推给身边的人或其他事物，而是应该帮助孩子认识到错误的原因，正确地引导孩子勇于承担责任。

专家教你男孩怎么养

生活中，当男孩犯错误后，父母如何让他认识到自己的错误？

第一，父母切不可帮助男孩推卸责任。

第二，分析男孩的过错，并指出男孩犯错的原因。

第三，教育男孩"好汉做事好汉当"。

第四，父母要适当地放开手，让男孩自己承担犯错的后果。